T0123419

Psychologie für Studium und Beruf

Diese Buchreihe zu den Grundlagen- und Anwendungsfächern der Psychologie wird herausgegeben in Kooperation zwischen dem Onlinestudium des Fachbereiches Onlineplus an der Hochschule Fresenius und dem Springer-Verlag. Alle Titel dieser Reihe wurden zunächst als Studienbriefe für die Fernlehre konzipiert und dann von den Autorinnen und Autoren für die Veröffentlichung in Buchform umgearbeitet. Dabei wurde die handliche, modulare Einteilung der Themen über die einzelnen Bände beibehalten – Leserinnen und Leser können so ihr Buchregal sehr gezielt um die Themen ergänzen, die sie interessieren. Dabei wurde größter Wert auf die didaktische und inhaltliche Qualität gelegt sowie auf eine äußerst unterhaltsame und alltagsnahe Vermittlung der Inhalte. Die Titel der Reihe richten sich an Studierende, die eine praxisnahe, verständliche Alternative zu den klassischen Lehrbüchern suchen, an Praktikerinnen und Praktiker aller Branchen, die im Arbeitsleben von psychologischem Know-how profitieren möchten, sowie an alle, die sich für die vielfältige Welt der Psychologie interessieren.

Weitere Bände in der Reihe: http://www.springer.com/series/16425

Ulf Lubienetzki
Heidrun Schüler-Lubienetzki

Was wir uns wie sagen und zeigen

Psychologie der menschlichen Kommunikation

 Springer

Ulf Lubienetzki
entwicklung GbR
Hamburg, Deutschland

Heidrun Schüler-Lubienetzki
entwicklung GbR
Hamburg, Deutschland

Teile des Werkes sind vorab publiziert worden in: Lubienetzki, U. & Schüler-Lubienetzki, H. (2016). WAS WIR UNS WIE SAGEN UND ZEIGEN. MENSCHLICHE KOMMUNIKATION. Studienbrief der Hochschule Fresenius online plus GmbH. Idstein: Hochschule Fresenius online plus GmbH. Mit freundlicher Genehmigung von © Hochschule Fresenius online plus GmbH 2016.

ISSN 2662-4826   ISSN 2662-4834   (electronic)
Psychologie für Studium und Beruf
ISBN 978-3-662-61826-4   ISBN 978-3-662-61827-1   (eBook)
https://doi.org/10.1007/978-3-662-61827-1

Die Deutsche Nationalbibliothek verzeichnet diese Publikation in der Deutschen Nationalbibliografie; detaillierte bibliografische Daten sind im Internet über http://dnb.d-nb.de abrufbar.

Springer ist ein Imprint der eingetragenen Gesellschaft Springer-Verlag GmbH, DE und ist ein Teil von Springer Nature.
Die Anschrift der Gesellschaft ist: Heidelberger Platz 3, 14197 Berlin, Germany

Ihr Bonus als Käufer dieses Buches

Als Käufer dieses Buches können Sie kostenlos unsere Flashcard-App „SN Flashcards" mit Fragen zur Wissensüberprüfung und zum Lernen von Buchinhalten nutzen. Für die Nutzung folgen Sie bitte den folgenden Anweisungen:

1. Gehen Sie auf **https://flashcards.springernature.com/login**
2. Erstellen Sie ein Benutzerkonto, indem Sie Ihre Mailadresse angeben, ein Passwort vergeben und den Coupon-Code einfügen.

Ihr persönlicher „SN Flashcards"-App Code   8091B-CF981-7FC48-CA156-D4327

Sollte der Code fehlen oder nicht funktionieren, senden Sie uns bitte eine E-Mail mit dem Betreff **„SN Flashcards"** und dem Buchtitel an **customerservice@ springernature.com**.

Vorwort

Seit mehr als zwei Jahrzehnten beschäftigen wir uns beruflich mit menschlicher Kommunikation. Ob als Coaches, Trainer, Berater oder auch als Führungskräfte, immer geht es um den Austausch von Sachinformationen, um die Vermittlung von persönlichen Wahrnehmungen und Empfindungen, um die Bewertung von etwas oder sogar von jemanden oder auch darum, gemeinsam mit einem oder mehreren Menschen etwas zu erreichen. Im Laufe der Zeit haben wir viele eigene Erfahrungen zur Kommunikation gesammelt und unser Wissen gezielt weiterentwickelt. Ein wichtiger Bestandteil unserer Arbeit ist die Weitergabe unserer Erfahrungen und unseres Wissens an andere Menschen. Dieses geschieht in unserem Beruf meistens in Form von Seminaren und Trainings. Der große Vorteil von Seminaren und Trainings, sei es in der Präsenz- oder Online-Variante, ist, dass es möglich ist, gezielt auf die individuellen Fragen und Bedürfnisse der Teilnehmerinnen und Teilnehmer einzugehen. So bildet in unseren Veranstaltungen die Arbeit an mitgebrachten Fallbeispielen sowie das Entwickeln und Ausprobieren von Lösungen immer die wichtigste Komponente. Zwangsläufig sind die Möglichkeiten, Menschen mit Seminaren zu Themen der Kommunikation zu erreichen, begrenzt. Die Zusammenarbeit mit verschiedenen Hochschulen sowie mit dem Springer Verlag bietet uns die Möglichkeit, deutlich mehr Menschen zu erreichen. Uns war und ist dabei bewusst, dass es bei Publikationen in der Natur der Sache liegt, nicht unmittelbar auf individuelle Fragen und Beispiele der Leserinnen und Leser eingehen zu können. Wir haben es daher als unsere wesentliche Aufgabe angesehen, das von uns zusammengestellte Wissen zu unterschiedlichen Themen der Kommunikation so anschaulich und nah an dem, was in Seminaren und Trainings möglich ist, zu vermitteln. Drei wesentliche Elemente prägen dazu unsere Lehrbücher:

- Ein ansprechender und angenehm zu lesender Schreibstil. – Lehrbücher vermitteln Wissen. Dieses Wissen so in Worte zu fassen, dass es den Leserinnen und Lesern Freude macht, war unser erstes Ziel.
- Anschaulich entwickelte Fallbeispiele. – Der Kern des zu vermittelnden Wissens ist im Lehrbuch auf den Punkt zu bringen. Unsere Fallbeispiele, die häufig auch zum Schmunzeln oder sogar Lachen anregen, lenken den Fokus, indem sie abstraktes Wissen in alltäglichen Situationen in nachvollziehbares Handeln übersetzen.
- Unmittelbare Reflexion des Gelernten. – Kommunikation ist etwas Alltägliches. Damit ist Kommunikation grundsätzlich jederzeit für jeden zugänglich. Wir regen die Leserinnen und Leser im Verlauf der Lektüre unserer Lehrbücher gezielt an, das gerade Gelesene in ihrer eigenen Umwelt zu erfahren und zu erproben.

Ergänzend zu diesem Lehrbuch finden Sie zur Wissensüberprüfung Fragen und Antworten sowie Lernkarten zu den wichtigsten Begriffen in der Springer-Nature-Flashcards-App, die in den bekannten Appstores für die Betriebssysteme iOS und Android heruntergeladen werden kann.

Wir wünschen Ihnen eine interessante und gewinnbringende Lektüre.

Ulf Lubienetzki
Hamburg, Deutschland

Heidrun Schüler-Lubienetzki
Hamburg, Deutschland

Mai 2020

Inhaltsverzeichnis

Über die Autoren

Ulf Lubienetzki
arbeitet seit mehreren Jahren als Berater, Business Coach und Trainer mit Fach- und Führungskräften unterschiedlicher Branchen zusammen. Zusätzlich verfügt er über mehr als 20 Jahre Erfahrung als Führungskraft bis zur Ebene der Geschäftsleitung in verschiedenen nationalen und internationalen Managementberatungsfirmen. Ulf Lubienetzki ist Diplom-Ingenieur und studierte Sozialpädagogik sowie Soziologie. In den von ihm verfassten Ratgebern sowie Fach- und Lehrbüchern bringt er anschaulich seine vielfältigen praktischen Erfahrungen aus der Arbeit mit seinen Kundinnen und Kunden ein.

Heidrun Schüler-Lubienetzki
ist seit mehr als zwei Jahrzehnten als Business Coach, Führungskräftetrainerin, Unternehmensberaterin und Moderatorin tätig. Heidrun Schüler-Lubienetzki ist Diplom-Psychologin mit dem Schwerpunkt Personal- und Organisationsentwicklung sowie Gesprächstherapeutin. In mehr als zwei Jahrzehnten arbeitete sie bereits mit mehreren tausend Fach- und Führungskräften bis auf Vorstandsebene zusammen. Als Autorin von Ratgebern sowie Fach- und Lehrbüchern gibt sie ihr Wissen und ihre Erfahrungen weiter.

Beide Autoren führen gemeinsam die Firma entwicklung GbR in ihrem Coachinghaus in Hamburg-Rahlstedt. entwicklung GbR steht für
- Coaching von Fach- und Führungskräften,
- Individual- und Teamtraining sowie
- Beratung bei Veränderungsprozessen in Organisationen.

Gemeinsam mit ihren Klienten arbeitet entwicklung GbR daran, die persönliche Leistungsfähigkeit von Fach- und Führungskräften zu erhalten und zu steigern, leistungsbereite und leistungsfähige Teams zu entwickeln, Ressourcenverschwendung durch dysfunktionale Konflikte zu reduzieren sowie Veränderungen kompetent zu beraten und zielführend zu begleiten.

Haben Sie Fragen oder benötigen Sie Informationen zu einem persönlichen Coaching, zu Seminaren oder Trainings, so finden Sie unter ► http://www.entwicklung-hamburg.de ein breites Informationsangebot.

Für Fragen, Rückmeldungen oder Anregungen stehen wir Ihnen gerne per E-Mail zur Verfügung: ► info@entwicklung-hamburg.de.

Einführung

Die Ausführungen in diesem Kapitel basieren auf folgendem Studienbrief: Lubienetzki, U. und Schüler-Lubienetzki, H. (2016). WAS WIR UNS WIE SAGEN UND ZEIGEN. MENSCH-LICHE KOMMUNIKATION. Studienbrief der Hochschule Fresenius online plus GmbH. Id-stein: Hochschule Fresenius online plus GmbH.

1

Wenn Menschen sich begegnen, interagieren und kommunizieren sie. Das ist unvermeidlich und gilt im privaten wie im beruflichen Kontext. In diesem Buch haben wir für Sie die aus unserer Sicht relevanten Grundlagen zur menschlichen Kommunikation zusammengetragen. Diese grundlegenden Erkenntnisse sind teilweise bereits vor 50 bis 60 Jahren entwickelt worden und setzen heute noch den Standard, wenn es um Fragen der menschlichen Kommunikation geht. So haben die Bücher von Paul Watzlawick und Friedemann Schulz von Thun ihre Aktualität behalten und stehen immer noch hoch oben in den Verkaufslisten.

Über vieles denken wir im Alltag nicht nach, sondern tun es einfach. Schauen wir genauer hin, hat der Mensch ein tiefes Bedürfnis, über Kommunikation zu kommunizieren. So gibt es vielfältige Redewendungen und Sprichwörter über die Art und Weise, wie ein anderer Mensch spricht und sich verhält (z. B. „Der Ton macht die Musik."). Auch ist es alltäglich, die Kommunikation anderer zu analysieren. Dies zeigt sich beispielsweise in Äußerungen wie „Die guckt aber traurig.", „Seine Stimme hat vor Wut gezittert." oder „Die hat sich ja gar nicht über das Geschenk gefreut!".

In diesem Buch möchten wir Ihnen ein Repertoire von Konzepten und Modellen zur Verfügung stellen, mit dem Sie strukturiert über Kommunikation nachdenken und sich austauschen können. Dabei handelt es sich zugleich auch um Kommunikation; wir vermitteln Ihnen über den Text Sachinhalte zum Thema Kommunikation und an der einen oder anderen Stelle erfahren Sie zwischen den Zeilen auch etwas über uns.

Auf Ihrem Weg durch dieses Buch werden Sie den Axiomen menschlicher Kommunikation und dem, was daraus folgt, begegnen. Sie werden unterschiedliche Sichtweisen auf Kommunikation sowie verschiedene Kommunikationsstile und -muster kennenlernen. Sie werden erfahren, was es bedeutet, erfolgreich zu kommunizieren und wodurch erfolgreiche Kommunikation erschwert oder sogar verhindert wird. All das ist hilfreich, um Kommunikation zu beobachten, zu analysieren und Ansatzpunkte für Verhaltensänderungen abzuleiten. Und Sie werden quasi im Vorbeigehen lernen, Ihre Kommunikation und damit sich selbst besser zu verstehen.

Wir versuchen (und wir hoffen, es ist uns gelungen), in diesem Buch verständlich mit Ihnen zu kommunizieren. Neben der Theorie finden Sie viele Beispiele aus der Welt der Baumaschinen Schmidt GmbH, die Ihnen dabei helfen, die Inhalte zu verstehen. An der einen oder anderen Stelle werden Sie bestimmt Menschen aus Ihrem persönlichen Umfeld oder sogar sich selbst wiedererkennen. Auch werden Sie verschiedene Beispiele, die wir zur Verdeutlichung eines Zusammenhangs bewusst überzeichnet haben, sicherlich als lustig empfinden. Das alles ist natürlich kein Zufall. Uns zeigt es, dass die Konzepte und Modelle zur Kommunikation, auf denen die Beispiele beruhen, im Alltag funktionieren.

In mehr als zwei Jahrzehnten beruflicher Tätigkeit haben wir erfahren, dass tiefere Kenntnisse über kommunikative Vorgänge vorteilhaft und relevant sind. Die eigene Kommunikation zu reflektieren und die Kommunikation anderer zu beobachten, gibt uns viele Hinweise darauf, wirklich zielgerichtet und damit erfolgreich zu kommunizieren. Missverständnisse, Konflikte und Unklarheiten kosten

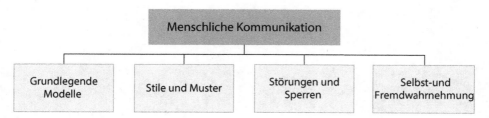

◘ **Abb. 1.1**   Das Buch im Überblick

Zeit und Nerven. Der wertschätzende und vertrauensvolle Umgang hingegen hilft dabei, solche Entwicklungen zu vermeiden oder bietet zumindest die Chance auf Lösungen. Rezepte, die immer gelingen, können wir leider nicht anbieten. Dafür sind Menschen und die Welt zu komplex. Aber zumindest können wir die Wahrscheinlichkeit deutlich erhöhen, dass Kommunikation gelingt.

Die ◘ Abb. 1.1 zeigt Ihnen den Aufbau dieses Buches noch einmal im Überblick.

Das vorliegende Buch gliedert sich in fünf Kapitel. Nach diesem ersten einführenden Kapitel werden wir in ► Kap. 2 mit den grundlegenden Modellen zur menschlichen Kommunikation einsteigen. Danach werden wir in ► Kap. 3 Kommunikationsstile und -muster betrachten. In ► Kap. 4 betrachten wir Kommunikationsstörungen und Sperren genauer und schließen in ► Kap. 5 mit der Selbst- und Fremdwahrnehmung.

Verbale und nonverbale Kommunikation

Grundlegende Konzepte und Modelle

Inhaltsverzeichnis

Die Ausführungen in diesem Kapitel basieren auf folgendem Studienbrief: Lubienetzki,
U. und Schüler-Lubienetzki, H. (2016). WAS WIR UNS WIE SAGEN UND ZEIGEN. MENSCH-
LICHE KOMMUNIKATION. Studienbrief der Hochschule Fresenius online plus GmbH. Id-
stein: Hochschule Fresenius online plus GmbH.

© Springer-Verlag GmbH Deutschland, ein Teil von Springer Nature 2020
U. Lubienetzki, H. Schüler-Lubienetzki, *Was wir uns wie sagen und zeigen*,
Psychologie für Studium und Beruf, https://doi.org/10.1007/978-3-662-61827-1_2

2

Menschliche Kommunikation ist teilweise recht wundersam. Wir sind oft überrascht, wenn scheinbar einfache menschliche Begegnungen unvorhersehbar eskalieren oder wenn sich auf den ersten Blick komplexe Situationen plötzlich lösen. Wir möchten verstehen, was dahintersteckt und wie wir uns dieses Wissen zur Verbesserung unserer eigenen Kommunikation nutzbar machen können. Das für die Kommunikation über Kommunikation benötigte Handwerkszeug erhalten Sie auf den nächsten Seiten.

🔘 Nach eingehender Lektüre dieses Kapitels können Sie ...

— **menschliche Kommunikation** definieren sowie mittels verschiedener Ansätze und Modelle beschreiben und analysieren.
— die fünf **Axiome** zu menschlicher Kommunikation nach Watzlawick et al. wiedergeben und erklären.
— die **vier Seiten einer Nachricht** im Sinne Schulz von Thun (2013) differenzieren.
— Zusammenhänge in Gesprächen vor dem Hintergrund der **Transaktionsanalyse** nach Eric Berne (1961) erkennen und diese in Form von **Transaktionen** und **Ich-Zuständen** der Beteiligten beurteilen.
— erläutern, inwiefern **Lebensanschauungen** oder **inkongruente Nachrichten** Einfluss auf den Erfolg von Kommunikation nehmen können.
— die **konstruktivistische Sichtweise** auf Kommunikation darlegen.

Wir leben im Informations- und Kommunikationszeitalter. Zumindest theoretisch könnten wir zu jeder Zeit von jedem Ort der Erde mit jedem anderen Menschen an einem anderen Ort der Erde kommunizieren. Die Kommunikationsmöglichkeiten in der heutigen Welt sind schon beeindruckend, insbesondere dann, wenn wir uns noch an das Zeitalter erinnern (oder uns die Elterngeneration davon berichtet), in dem Telefone noch eine Schnur und Wählscheibe besaßen. In diesem Buch soll es jedoch weniger um Fragen nach dem Wieviel an Kommunikation gehen. Wir interessieren uns vielmehr dafür, was Kommunikation eigentlich ist (▶ Exkurs: Herkunft des Begriffs Kommunikation) und wie wir diese beschreiben und näher betrachten können. Erst wenn uns das Wesen von Kommunikation zugänglich ist, können wir Kommunikation analysieren und schließlich weiterentwickeln.

▶ Wichtig

Natürlich können wir Kommunikation unter verschiedenen Gesichtspunkten und mit unterschiedlichen Zielen untersuchen. In diesem Buch geht es uns vorwiegend darum, Kommunikation erfolgreich zu gestalten. Dabei gehen wir davon aus, dass Kommunikation zielgerichtet ist und der Erfolg der Kommunikation daraus resultiert, dass das jeweilige Ziel von Kommunikation erreicht wird.

▶ Exkurs: Herkunft des Begriffs Kommunikation

Der Begriff *Kommunikation* leitet sich aus dem lateinischen Verb *communicare* ab und bedeutet u. a. „jmd. etw. mitteilen, m. jmdm. etw. besprechen, jmd. an etw. teilnehmen lassen" und „etw. gemeinsam machen, vereinigen, zusammenlegen" (PONS GmbH o. J.).

2.1 · „Man kann nicht nicht kommunizieren!" – Ein erster Blick ...

7

2

2.1 „Man kann nicht nicht kommunizieren!" – Ein erster Blick auf Kommunikation

---

┌─ Definition ───

Menschliche Kommunikation ist die verbale oder nonverbale Interaktion zwischen mindestens zwei Personen (Watzlawick et al. 1967/2011; Schulz von Thun 2013).

└──

Ergänzend zu dieser Definition der menschlichen Kommunikation möchten wir vorwegschicken: Menschen, die sich begegnen, kommunizieren auch (Watzlawick et al. 1967/2011). Vielleicht fragen Sie sich jetzt, ob diese apodiktische, also als unumstößlich geltende, Aussage stimmen kann. Zum Glück sind Sie ein Mensch und können den Wahrheitsgehalt dieser Aussage im Selbstversuch testen.

▶ Beispiel: Wortlose Kommunikation

Probieren Sie doch einmal aus, mit einem anderen Menschen, dem Sie begegnen, nicht zu kommunizieren. Hier eine Anregung zu einer Versuchsanordnung:

Jemand betritt den Raum, in dem Sie sich gerade aufhalten (z. B. eine Kollegin/ein Kollege, eine Freundin/ein Freund oder auch eine völlig fremde Person) und Sie kommunizieren bewusst nicht. Beispielsweise könnten Sie es so versuchen: Sie schauen die Person bewusst nicht an, sprechen selbstverständlich kein Wort mit ihr und reagieren auch sonst nicht auf sie. Eine andere, vielleicht einfachere Möglichkeit wäre, Sie verlassen einfach wortlos den Raum. Ihnen fallen möglicherweise noch weitere Varianten ein.

Bevor Sie den Selbstversuch tatsächlich starten und vielleicht etwas Unvorhergesehenes passiert, wechseln Sie bitte kurz die Perspektive:

Nun betreten Sie selbst einen Raum und nehmen eine Person in diesem Raum wahr. Die Person schaut weg oder geht sogar weg, falls Sie diese ansprechen, antwortet sie nicht und reagiert auch sonst nicht auf Sie. Welche Botschaft kommt bei Ihnen an? Hat die Person tatsächlich nicht mit Ihnen kommuniziert? Zumindest zeigt das Verhalten der Person, dass diese nicht mit Ihnen kommunizieren möchte. Je nach Beziehung, die Sie zu dem anderen Menschen haben, werden Sie sich womöglich fragen, woran der Unwille zur Kommunikation liegt oder sogar Vermutungen darüber anstellen. „Ist die andere Person sauer auf mich?" „Mag sie/er mich nicht?" Solche und ähnliche Fragen werden Sie sich vielleicht stellen.

Sie sehen: Auch ein Mensch, der nicht spricht und auch sonst nicht reagiert, kommuniziert sehr wohl. Selbst zwei einander völlig fremde Menschen, die sich beispielsweise in einer Warteschlange begegnen und aneinander vorbeischauen oder sich die Rücken zukehren, könnten beispielsweise die Botschaft „Ich möchte nicht (mit Ihnen) kommunizieren." aussenden. ◀

Watzlawick et al. haben zu der im Beispiel dargestellten Kommunikationssituation ihr erstes **Axiom** „Man kann nicht nicht kommunizieren." (Watzlawick et al. 1967/2011, S. 60) formuliert.

2

> **Wichtig**
> Das Kommunikationsmodell von Watzlawick, Beavin & Jackson wird in ▶ Abschn. 2.3 detaillierter dargestellt. Verschaffen Sie sich hier einleitend einmal einen ersten Überblick.

Definition

Ein **Axiom** ist erstens ein „als absolut richtig erkannter Grundsatz" bzw. eine „gültige Wahrheit, die keines Beweises bedarf", sowie zweitens eine „nicht abgeleitete Aussage eines Wissenschaftsbereichs, aus der andere Aussagen deduziert werden" (Bibliographisches Institut GmbH 2016a).

Ihr in ihrem Buch „Menschliche Kommunikation" (Watzlawick et al. 1967/2011) beschriebener Gedankengang hierzu beginnt damit, dass jedes Lebewesen, also auch jeder Mensch, sich zu jedem Zeitpunkt seines Lebens in irgendeiner Art und Weise verhält. Das menschliche Verhalten ist eine grundlegende Eigenschaft, die immer da ist. Wenn Sie möchten, können Sie einen erneuten Selbstversuch unternehmen oder Sie glauben uns: irgendwie verhalten Sie sich immer. Watzlawick et al. drücken diesen Umstand sehr einfach aus: „Man kann sich nicht nicht verhalten." (Watzlawick et al. 2011, S. 58).

Der nächste Schritt in ihren Überlegungen ist, dass das Verhalten in einer zwischenmenschlichen Begegnung immer auch Mitteilungscharakter besitzt. Das gilt selbst dann, wenn das Verhalten tatsächlich nichts mit anderen Menschen zu tun hat, beispielsweise, weil wir diese noch gar nicht wahrgenommen haben. Sobald uns ein anderer Mensch wahrnimmt, wird er unser Verhalten in irgendeiner Art und Weise interpretieren. Der andere Mensch übersetzt unser Verhalten in eine Mitteilung oder Botschaft. Welche Mitteilung bei anderen entsteht, hängt von vielen Faktoren ab.

> ▶ **Beispiel: Interpretation wortloser Kommunikation**
>
> Bleiben wir bei dem vorangehenden Beispiel:
>
> Sie betreten einen Raum, in dem sich eine andere Person befindet. Diese andere Person reagiert nicht auf Sie. Dieses Verhalten könnte von Ihnen mit „Ich habe Dich/Sie nicht wahrgenommen." interpretiert werden.
>
> Eine andere Interpretation könnte lauten: „Ich ignoriere Dich/Sie und möchte in Ruhe gelassen werden." Hier sind viele weitere Interpretationen denkbar und es hängt von der Beziehung zu der Person ab, wie Sie ihr Verhalten interpretieren werden.
>
> Handelt es sich bei der Person um eine enge Freundin oder einen engen Freund, ist es wahrscheinlicher, dass Sie das Verhalten wie folgt interpretieren: „Oh, er/sie hat mich nicht gesehen." Besteht mit der Person ein Konflikt oder Streit, so könnte auch die Botschaft „Ich ignoriere Sie/Dich. Lass mich/Lassen Sie mich in Ruhe!" ankommen. ◄

Auch Faktoren der Umwelt beeinflussen die subjektive Interpretation des Verhaltens eines Menschen durch einen anderen Menschen: Ist es laut oder leise, hell oder

2.1 · „Man kann nicht nicht kommunizieren!" – Ein erster Blick ...

9

2

dunkel, sind eine oder mehrere Personen in dem Raum und, und, und ... Die Liste ist wahrscheinlich endlos.

Wenn – wie ausgeführt – menschliches Verhalten gleichzeitig immer auch Mitteilungscharakter besitzt, mit anderen Worten Kommunikation ist, folgt unmittelbar aus dem Satz „Man kann sich nicht nicht verhalten." das eingangs genannte Axiom „Man kann nicht nicht kommunizieren." (Watzlawick et al. 1967/2011, S. 60).

❓ Reflexionsaufgabe: Wie verhalte ich mich?

Sie haben gerade erfahren, dass ein Axiom eine allgemein gültige Wahrheit ist, die keines Beweises bedarf (Bibliographisches Institut GmbH 2016a). Was hindert Sie also daran, die Gültigkeit des ersten Axioms nach Watzlawick et. al. bei sich selbst zu überprüfen? Suchen Sie sich bitte eine günstige Gelegenheit, z. B. im beruflichen Kontext oder privat mit Freundinnen oder Freunden, in der Sie bewusst Ihr eigenes Verhalten beobachten. Stellen Sie sich bitte die Frage, was die Menschen in Ihrer Umgebung von Ihrem Verhalten wahrnehmen und welche Botschaften die Menschen über Ihr Verhalten empfangen könnten. Bei Ihnen vertrauten Menschen könnten Sie sogar einen Schritt weiter gehen und diese, im Anschluss an Ihre eigene Analyse, nach deren Wahrnehmung und Bewertung befragen.

❯ Wichtig

Lassen Sie uns festhalten: Kommunikation findet auch über das Verhalten statt. Das Verhalten eines Menschen wird von anderen Menschen interpretiert. Das Ergebnis der Interpretation ist jedoch sehr subjektiv und hängt von vielen Faktoren ab. Die wichtigsten sind der Mensch selbst sowie die Beziehung zwischen den kommunizierenden Menschen. Aber auch Faktoren der Umwelt gehen in den Interpretationsprozess ein (Watzlawick et al. 1967/2011; Schulz von Thun 2013).

Wir werden an späterer Stelle vertiefend darauf eingehen, wie die persönliche Disposition (Anlage) sowie die Beziehung zwischen Menschen die Kommunikation beeinflusst.

Bereits in den einfachen Beispielen dieses Abschnitts ist erkennbar, dass es recht schnell recht komplex werden kann, wenn wir über menschliche Kommunikation nachdenken bzw. über diese kommunizieren. Darum benötigen wir eine gemeinsame Sprache, um Kommunikation selbst und das, was in der Kommunikation passiert, zu beschreiben. Modelle reduzieren die Komplexität und machen einen gemeinsamen Zeichensatz verfügbar, um über Kommunikation zu kommunizieren. Watzlawick et al. oder auch Schulz von Thun benutzen in diesem Zusammenhang den Begriff der **Metakommunikation**.

Definition

Metakommunikation ist ein Begriffs- und Modellsystem, um über Kommunikation zu kommunizieren (Watzlawick et al. 1967/2011, S. 47; Schulz von Thun 2013, S. 101 ff.).

2

Jedes der im Folgenden dargestellten Kommunikationsmodelle besitzt seine Berechtigung. Es gibt kein Richtig oder Falsch, sondern die Frage lautet jeweils: Um welchen Aspekt von Kommunikation geht es und welches der Modelle ist zur Beschreibung und Analyse dieses Aspekts am geeignetsten?

2.2 Das Shannon-Weaver-Modell

Ein einfaches Kommunikationsmodell stammt von Claude E. Shannon und Warren Weaver (Shannon und Weaver 1972). Es wird häufig das **Sender-Empfänger-Modell** genannt. Die ◘ Abb. 2.1 gibt Ihnen einen Überblick über das Modell.

Das Modell bildet ab, dass Kommunikation zwischen (mindestens) einem Sender und (mindestens) einem Empfänger in einem bestimmten bzw. definierten situativen Kontext stattfindet. Zwischen Sender und Empfänger werden verschlüsselte Nachrichten (z. B. Sprache) ausgetauscht. Voraussetzung für die erfolgreiche Kommunikation ist nach diesem Modell, dass dem/der/den Sendenden und dem/der/den Empfangenden ein gemeinsamer Zeichenvorrat zur Ver- und Entschlüsselung der ausgetauschten Nachrichten zur Verfügung steht (Shannon und Weaver 1972).

> ▶ **Beispiel: Entschlüsselung von Nachrichten**
>
> Sie sind erstmalig in China und können Mandarin weder sprechen noch verstehen. Sie werden nur sehr eingeschränkt in der Lage sein, verbal verschlüsselte Nachrichten mit einem Einheimischen in der chinesischen Provinz auszutauschen.
>
> Urlauber/-innen in fremden Ländern, deren Sprache sie weder sprechen und noch verstehen, kennen solche Situationen. Häufig weichen Touristinnen und Touristen dann auf nonverbale Verschlüsselungen aus. Buchstäblich „mit Händen und Füßen" wird dann gesendet und auf der anderen Seite gesehen und versucht, die Nachricht zu entschlüsseln. Komplexe Zusammenhänge lassen sich auf diese Art und Weise eher müh-

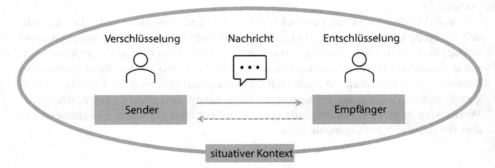

◘ **Abb. 2.1**   Sender-Empfänger-Modell nach Shannon & Weaver. Nach Shannon und Weaver findet Kommunikation immer zwischen mindestens einem Sender und mindestens einem Empfänger und immer in einem bestimmten Kontext statt. Nachrichten werden verschlüsselt übergeben und müssen durch den jeweiligen Empfänger entschlüsselt werden. (Quelle: eigene Darstellung in Anlehnung an Shannon und Weaver 1972, S. 7)

sam vermitteln, aber einfache Nachrichten – beispielsweise im Zusammenhang mit dem Souvenirkauf – können in der Regel ausgetauscht werden. ◄

Die wichtigste Form der Verschlüsselung von Nachrichten ist die Sprache mit der ihr eigenen **Syntax**. In der Sprache werden Buchstaben zu Wörtern und diese zu Sätzen kombiniert. Die Wörter und Sätze besitzen eine **Semantik**.

Definition

Als **Syntax** wird die „in einer Sprache übliche Verbindung von Wörtern zu Wortgruppen und Sätzen" sowie die „korrekte Verknüpfung sprachlicher Einheiten im Satz" bezeichnet (Bibliographisches Institut GmbH 2016c).

DUDEN online definiert den Begriff **Semantik** wie folgt: „Bedeutung, Inhalt (eines Wortes, Satzes oder Textes)" (Bibliographisches Institut GmbH 2016b).

Interessant ist in diesem Zusammenhang, dass die Semantik nicht unbedingt eindeutig sein muss und sich oft erst über den Kontext, in dem kommuniziert wird, erschließt.

► **Fallbeispiel**

Sagt Ralf Schmidt (Sie erinnern sich: der Geschäftsführer der Baumaschinen Schmidt GmbH) den Satz „Mir ist heiß." zu seiner Frau Annika, so könnte in der Sauna damit gemeint sein, dass Ralf Schmidt in Kürze die Sauna verlassen wird oder er sich wünscht, dass die Temperatur reduziert wird. Sagt er diesen Satz auf einer sonnenbeschienenen Terrasse, könnte er damit meinen, dass er den Wunsch nach einem Sonnenschirm verspürt. Beim Arzt sagt er diesen Satz vielleicht, um darauf hinzuweisen, dass er womöglich Fieber hat. Sie erkennen: Je nach Kontext kann bereits ein so einfacher Satz wie dieser sehr unterschiedliche Bedeutungen besitzen. ◄

Das Shannon-Weaver-Modell ist hilfreich, um verbale Kommunikation und Störungen, die auf dem unterschiedlichen Verständnis von Sprache beruhen, zu untersuchen. Das Modell stößt an seine Grenzen, wenn Kommunikation – wie von Watzlawick et al. postuliert – auch das bewusste und unbewusste menschliche Verhalten einschließt (Watzlawick et al. 1967/2011). Sehen wir uns also im Folgenden ein erweitertes Modell auf Basis der Erkenntnisse von Watzlawick et al. an.

2.3 Erweitertes Kommunikationsmodell nach Watzlawick et al.

Zwei Menschen, die dieselbe Sprache sprechen und über den gleichen Wortschatz verfügen, können, aber müssen nicht unbedingt erfolgreich kommunizieren. Die öffentliche politische Diskussion beispielsweise führt uns jeden Tag vor Augen, dass Kommunikation mehr ist als der bloße Austausch verbaler und nonverbaler Zeichenfolgen. So kann das „einfache" Sender-Empfänger-Modell angelehnt an die von Watzlawick et al. entwickelten Grundlagen einer Metakommunikation erweitert werden (Watzlawick et al. 1967/2011, siehe ◘ Abb. 2.2).

2

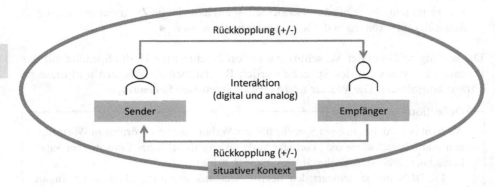

■ **Abb. 2.2** Erweitertes Kommunikationsmodell angelehnt an die Axiome nach Watzlawick et al. Watzlawick et al. haben das „einfache" Sender-Empfänger-Modell erweitert. Sender und Empfänger tauschen nicht nur Nachrichten aus und entschlüsseln diese, sie beeinflussen sich gegenseitig in ihrer Interaktion. (Quelle: eigene Darstellung in Anlehnung an Watzlawick et al. 1967/2011)

Auch im erweiterten Kommunikationsmodell sind mindestens zwei Menschen beteiligt und zwischen den beiden Menschen findet eine Interaktion statt. Mit anderen Worten: Die am Kommunikationsprozess Beteiligten agieren und reagieren, wobei sie sich gegenseitig mit und in ihren Interaktionen beeinflussen. Das Ganze findet in einer Umwelt bzw. einem Kontext statt. Die Unterschiede zum Sender-Empfänger-Modell sind auf den ersten Blick noch eher gering. Das Modell erhält erst dann seine deutlich erweiterte Bedeutung, wenn die von Watzlawick et al. postulierten Axiome und Schlussfolgerungen einfließen (Watzlawick et al. 1967/2011).

Das erste **Axiom** haben wir bereits kennengelernt: „Man kann nicht nicht kommunizieren." (Watzlawick et al. 1967/2011, S. 60).

Für das Modell bedeutet dieses Axiom, dass Kommunikation kontinuierlich stattfindet. Die Beteiligten äußern sich verbal und/oder nonverbal und Verhalten sich im Kommunikationsprozess ohne Unterbrechung. Hierdurch beeinflussen sich die Kommunikationsteilnehmer/-innen in jedem Augenblick. Kommunikation ist immer Ursache und Wirkung; sie ist also kreisförmig (Watzlawick et al. 1967/2011).

▶ **Beispiel: Beziehung bestimmt Sachinhalt**

In unserem Beispiel, in dem ein Mensch einem anderen Menschen in einem Raum begegnet und schweigt, macht es einen fundamentalen Unterschied, ob sich Fremde, Konkurrenten oder Freunde begegnen. Die Beziehung bestimmt in diesem Fall die Botschaft des Schweigens. ◀

Das von Watzlawick et al. hierzu formulierte zweite **Axiom** lautet: „Jede Kommunikation hat einen Inhalts- und einen Beziehungsaspekt, derart, dass letzterer den ersteren bestimmt [...]." (Watzlawick et al. 2011, S. 64)

Dieses Axiom stellt die Beziehung zwischen zwei Menschen als kommunikationsbestimmend heraus. Die Spannbreite der Bedeutung von Sätzen wie „Du siehst heute gut aus." kann durch die Beziehung zwischen zwei Menschen von höchstem Lob bis zu tiefster Beleidigung reichen.

▶ **Fallbeispiel**

Ralf Schmidt sagt den Satz „Du siehst heute gut aus." zu seiner Frau. Da beide sehr wertschätzend miteinander umgehen, wird sie wahrscheinlich lächeln und mit dem Satz „Vielen Dank für das Kompliment." antworten.

Neulich wollte er seiner Sekretärin ein Kompliment machen. Auf den Satz „Sie sehen heute gut aus." erhielt er die erboste Antwort: „Ach ja? Und sonst nicht, oder was?" ◀

Die Beziehung zwischen zwei Menschen ist so wichtig, dass der Mensch bei ungeklärten Beziehungen das Bedürfnis verspürt, diese zu klären – entweder explizit durch entsprechende Fragen oder implizit durch die Art und Weise, wie kommuniziert wird (Watzlawick et al. 1967/2011; Schulz von Thun 2013).

❓ **Reflexionsaufgabe: Beziehungsabhängige Kommunikation**

Wie sich die Beziehung zwischen Menschen auf deren Kommunikation auswirkt, wird im zeitlichen Verlauf einer Beziehung besonders deutlich. Denken Sie bitte an die Beziehung zu einem Ihnen heute sehr vertrauten Menschen. Erinnern Sie sich bitte zurück an den Anfang Ihrer Beziehung. Was war im Vergleich zu heute anders in Ihrer Kommunikation miteinander?

Wenn der gegenseitige Einfluss von Menschen aufeinander und ihre Beziehung untereinander eine derart große Bedeutung besitzen, ist es nicht sinnvoll, Kommunikation isoliert, d. h. nur auf einen einzelnen Menschen bezogen, zu betrachten. Zur Kommunikation gehören immer mindestens zwei Menschen und an allem, was geschieht, sind alle beteiligt. Äußerungen und Verhaltensweisen erhalten erst dann Bedeutung, wenn sie in den kommunikativen Kontext gestellt werden (Watzlawick et al. 1967/2011; Schulz von Thun 2013).

▶ **Beispiel: Kontextanalyse**

Wir könnten einen Menschen just in dem Moment verurteilen und sein Verhalten als inadäquat brandmarken, in dem dieser in einer Sitzung wutentbrannt aufschreit, auf den Tisch haut und anschließend den Raum verlässt. „Wie kindisch! So benimmt sich doch kein Erwachsener!", könnten Zeugen des Wutausbruchs in diesem Moment denken.

Das Verhalten erscheint uns möglicherweise in einem vollständig anderen Licht, wenn wir den Raum einige Minuten früher betreten hätten. Könnten wir doch bei der Wertung berücksichtigen, dass die anderen Sitzungsteilnehmer/-innen diesen wütenden Menschen seit mindestens einer halben Stunde mit ruhiger, gelassener Stimme und mit freundlicher Miene vorsätzlich zutiefst beleidigt haben. Dieses haben sie auch nach seiner mehrmaligen Bitte um Sachlichkeit sowie um Mäßigung nicht unterlassen. In diesem Moment könnte ein Betrachter auch zu dem folgenden Schluss kommen: „Bemerkenswert, wie lange er ruhig geblieben ist."

Schauen wir doch noch etwas früher in der Sitzung vorbei: Unser eingangs wütender Mensch ist zu diesem Zeitpunkt überhaupt noch nicht wütend. Im Gegenteil – mit einer

2

atemberaubenden Ruhe und Arroganz macht er den anderen Sitzungsteilnehmenden persönliche Vorhaltungen, die offenkundig erlogen sind. Die zunächst ruhig und sachlich antwortenden Sitzungsteilnehmer/-innen werden durch seine Lügen und seine herablassende Art mit der Zeit zur Weißglut getrieben. Schließlich wussten sie sich nicht anders zu helfen, als wüste Beleidigungen auszusprechen. Würde ein Betrachter jetzt nicht vielleicht zu dem Schluss kommen, dass es ihm am Ende der Sitzung ganz recht erging?

Was wohl noch in der Sitzung passiert ist? Und im Vorfeld der Sitzung? Und so weiter … ◄

Bildlich gesprochen ist Kommunikation kreisförmig, also ohne Anfang und Ende. Menschen, die in einer Beziehung zueinander stehen, kommunizieren und alles das, was in der Beziehung bisher passiert ist, gehört dazu. Dennoch setzen Menschen in der Kommunikation ihre persönlichen Anfangspunkte, von denen dann ihr kommunikatives Verhalten abhängt (Watzlawick et al. 1967/2011; Schulz von Thun 2013).

Das entsprechende **Axiom** dazu lautet: „Die Natur einer Beziehung ist durch die Interpunktion seitens der Partner bedingt." (Watzlawick et al. 1967/2011, S. 69/70)

Anhand des vorangehenden Beispiels können wir sehen, dass wir unterschiedliches Verständnis für die Beteiligten aufbringen, je nachdem, wo wir den Startpunkt setzen.

Dasselbe passiert innerhalb des Kommunikationsprozesses. Die Partner setzen ihren Startpunkt selbst. Weichen die Startpunkte voneinander ab, kann es zu Irritationen und Störungen kommen.

Mehr zur Kreisförmigkeit von Kommunikation und einem daraus möglicherweise entstehenden „Teufelskreis" erfahren Sie in ► Abschn. 3.2.1.

❓ Reflexionsaufgabe: Aktionen und Reaktionen

Gibt es einen Menschen, mit dem Sie häufigen Kontakt haben und den Sie nicht besonders mögen? Falls es einen solchen Menschen nicht gibt, denken Sie bitte an eine öffentliche Person, z. B. einen Politiker oder eine Politikerin, die Unbehagen bei Ihnen auslöst. Nun denken Sie bitte an die letzten Treffen mit der betreffenden Person bzw. bei öffentlichen Personen, als Sie diese zuletzt erlebt haben. Was hat diese Person in dem konkreten Fall geäußert und was hat diese Äußerung bei Ihnen ausgelöst? Worauf hat sich Ihre Reaktion bezogen? War es tatsächlich nur das in dem Moment Gesagte oder haben Sie auf das Gesagte im Kontext zu früheren Aussagen reagiert? War in dem Moment das Gesagte vielleicht sogar vernünftig, Sie konnten dieses jedoch aufgrund der in der Vergangenheit gemachten Aussagen nicht anerkennen?

Die Art und Weise, wie die Akteure interagieren, bezeichnen Watzlawick et al. als *Modalitäten*. Das **Axiom** hierzu ist wie folgt formuliert: „Menschliche Kommunikation bedient sich digitaler und analoger Modalitäten." (Watzlawick et al. 2011, S. 78)

Über den **digitalen Strang** (Sprache, Zeichen, Symbole etc.) werden vorrangig Sachinhalte vermittelt. Für Beziehungen und Gefühle ist diese Modalität wenig zugänglich (Watzlawick et al. 1967/2011).

> ▶ **Beispiel: Modalitäten**

Viele Worte sind notwendig, um auszudrücken, wie sehr Sie einen anderen Menschen lieben. Eine liebevolle Umarmung drückt dieses Gefühl augenblicklich, differenziert und ohne Worte aus. ◀

Die Ebene der Beziehung wird über den **analogen Strang** (Mimik, Gestik, Verhalten etc.) ausgeleuchtet. So genau digitale Äußerungen (z. B. in Form von sprachlichen Ausdrücken) sind, so ungenau sind analoge. Meistens sind diese mehrdeutig. Ein Lächeln kann Freundlichkeit oder Verachtung ausdrücken. Es gibt Tränen der Freude und der Trauer. Eine vollständige Sicherheit, dass Botschaften beim Gegenüber ankommen, gibt es in der Kommunikation nicht. Durch die Kombination von digitalen und analogen Modalitäten kann die beabsichtigte Botschaft jedoch verdeutlicht werden. Das Gesamtbild entsteht auf allen Kanälen (Watzlawick et al. 1967/2011; Schulz von Thun 2013).

Jeder Mensch ist individuell und besitzt eine eigene Persönlichkeit, eigene Ansichten, eigene Werte und Prinzipien, eigene Erfahrungen und noch vieles mehr. Auch diese Individualität bestimmt den Kommunikationsverlauf und auch die Definition der Beziehung und der Erwartungen an die anderen Kommunikationsteilnehmenden ist individuell (Watzlawick et al. 1967/2011; Schulz von Thun 2013).

Das fünfte und letzte **Axiom** von Watzlawick et al. lautet: „Zwischenmenschliche Kommunikationsabläufe sind entweder symmetrisch oder komplementär, je nachdem, ob die Beziehung zwischen den Partnern auf Gleichheit oder Unterschiedlichkeit beruht." (Watzlawick et al. 2011, S. 81)

Kommunikation wird entscheidend dadurch beeinflusst, wie die Partner ihre Beziehung zueinander in jedem Augenblick des Kommunikationsverlaufs definieren. Ist die Kommunikation *symmetrisch* bedeutet das, dass beide Kommunikationspartner nach Gleichheit streben und entsprechend interagieren. Sie verhalten sich sozusagen spiegelbildlich zueinander. Stärke wird mit Stärke, Schwäche wird mit Schwäche oder Härte mit Härte gespiegelt usw. In *komplementärer Kommunikation* zeigt sich ein zueinander passendes unterschiedliches Verhalten. Dabei geht es nicht um oben und unten, stark und schwach oder gut und schlecht, sondern um eine aufeinander abgestimmte und erwartete Unterschiedlichkeit. Solche komplementären Beziehungen entstehen zwischen Lehrenden und Studierenden, Mutter und Kind oder Führungskräften und Mitarbeitenden etc. Wie die Erwartungen in solchen Beziehungen sind, hängt u. a. vom kulturellen Hintergrund ab. Werden die Erwartungen an Komplementarität nicht erfüllt, kommt es zu Störungen in der Kommunikation. Wird beispielsweise ein älterer Mensch in Japan nicht betont respektvoll von einem jüngeren Menschen behandelt, kann dieser Umstand die Kommunikation erheblich beeinträchtigen oder sogar unmöglich machen. Die Kommunikationspartner verstehen sich einfach nicht.

Daraus folgt: Unabhängig davon, ob die Kommunikationssituation symmetrisch oder komplementär ist, ist es für den Verlauf der Kommunikation entscheidend, ob die Partner die gleiche oder eine unterschiedliche Definition ihrer Beziehung haben. Abweichungen in der Definition können zu Störungen führen (Watzlawick et al. 1967/2011; Schulz von Thun 2013).

2

2.4 Transaktionsanalyse – Die Antwort auf die Frage nach dem Warum?

Watzlawick et al. stellen uns sozusagen ein grundlegendes Gerüst und einen „Baukasten" bereit, um über Kommunikation sprechen zu können. Wir können damit aus der Vogelperspektive über die Kommunikationssituation „schweben", um sie zu betrachten und zu beschreiben. Wir sehen, was zwischen den Kommunikationspartnern passiert und können dieses Verhalten einordnen. Störungen in der Kommunikation werden dabei ebenfalls sichtbar. Die Beteiligten selbst bleiben in dem Kommunikationsmodell jedoch eine Black Box. Wäre es nicht toll, wenn wir nicht nur die Interaktionen zwischen den Beteiligten, sondern auch ein Stück weit das, was in den Beteiligten vorgeht, beschreiben und untersuchen könnten? Die Frage „Warum verhalten sich Menschen in Kommunikationsprozessen in einer bestimmten Art und Weise?" ist dabei für uns von besonderem Interesse. Eröffnet uns doch die Antwort auf diese Frage die Chance, die Kommunikation zwischen Menschen zielgerichtet zu verändern.

Eine Möglichkeit, das Verhalten von Kommunikationsteilnehmer/-innen zu analysieren, stellt die Anfang der 1960er-Jahre von Eric Berne als Methode der Psychotherapie entwickelte **Transaktionsanalyse** (Berne 1961) dar, die auch über die Psychotherapie hinaus eingesetzt werden kann.

Hinweis

„Ein Hinweis von unserer Seite: Wir setzen das Instrumentarium der Transaktionsanalyse häufig im Coachingprozess von Einzelpersonen und von Teams ein. Kommunikationsvorgänge und insbesondere Kommunikationsstörungen werden nach unserer Erfahrung mit der Transaktionsanalyse sehr anschaulich und damit erklärbar. Über das Verständnis von dem, was in der Kommunikation passiert und warum es passiert, entsteht die Möglichkeit, eigene Lösungen abzuleiten, um zukünftig besser und störungsfreier miteinander umzugehen."

Ulf Lubienetzki und Heidrun Schüler-Lubienetzki
  Autoren des Buches

Interagieren Menschen miteinander, so besteht diese Interaktion nach Berne aus mindestens zwei **Transaktionen**.

Definition

Eine **Transaktion** ist „die Grundeinheit aller sozialen Verbindungen" (Berne 1984, S. 32).

Berne spricht in diesem Zusammenhang von einem *Transaktions-Stimulus* bei der Begegnung zweier Menschen und einer *Transaktions-Reaktion* auf diesen Stimulus. Um die Transaktionen, also das, was zwischen den Menschen ausgetauscht wird, zielgerichtet zu analysieren, ist es notwendig, die Beteiligten näher anzuschauen. Berne führt hierzu aus, dass beim Beobachten spontaner Sozialaktivität von Menschen diese „von Zeit zu Zeit deutliche Veränderungen in Haltung, Anschauungsweise, Stimmlage, Vokabular und anderen Verhaltensaspekten erkennen lassen" (Berne 1984, S. 25). Er erklärt diese Veränderungen im Verhalten mit Veränderungen im Gefühlsbereich. Die Veränderungen sind so tiefgreifend, dass Berne von der Veränderung des „**Ich-Zustandes**" des Menschen in diesen Momenten spricht (Berne 1984).

Definition

Ein „**Ich-Zustand**" ist nach Berne „phänomenologisch ein kohärentes Empfindungssystem", das „funktionsmäßig als eine kohärente Verhaltensstruktur" bezeichnet werden kann (Berne 1984, S. 25).

Bevor wir zu den eigentlichen Transaktionen kommen, untersuchen wir nachfolgend die verschiedenen Ich-Zustände des Menschen etwas genauer.

2.4.1 Die Ich-Zustände – Ein Modell zur Struktur der menschlichen Persönlichkeit

Wenn wir uns den Ich-Zuständen nähern, ist das Verständnis wichtig, dass ein Mensch psychisch immer als eine Einheit zu betrachten ist und sich nicht in verschiedene psychische Bestandteile aufteilen kann und lässt. Bei einem erwachsenen Menschen sind immer sämtliche Ich-Zustände vorhanden, es ist jedoch zu einem bestimmten Zeitpunkt immer nur ein Ich-Zustand mit Energie besetzt bzw. aktiv (Berne 1984).

Die Ich-Zustände (siehe ◘ Abb. 2.3) lassen sich angelehnt an Berne folgendermaßen beschreiben (Berne 1984):

1. Das **Kindheits-Ich** stammt aus unserer Kindheit und ermöglicht es uns, in unserem Denken, Fühlen und Verhalten so zu sein, wie wir es damals als Kind waren. Das „Kind in uns" ist – unabhängig von unserem Alter – immer noch vorhanden, so dass wir dessen Potenziale immer noch nutzen können. Im Kindheits-Ich sind wir sehr dicht an unseren Gefühlen. Wir lachen oder weinen, wenn uns danach ist, wir sind spontan und kreativ und wir tun und nehmen das, wozu wir gerade Lust haben. Wir können nett und freundlich, aber auch aufgeregt und rebellisch sein.

2

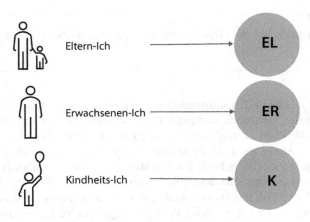

Eltern-Ich ⟶ EL

Erwachsenen-Ich ⟶ ER

Kindheits-Ich ⟶ K

☑ **Abb. 2.3** Strukturmodell mit drei Ich-Zuständen nach Eric Berne. Das Strukturmodell der drei Ich-Zustände nach Berne ist ein zentrales Modell der Transaktionsanalyse. Es besteht aus drei Ich-Zuständen: dem Kindheits-Ich, dem Eltern-Ich und dem Erwachsenen-Ich. Diese drei Ich-Zustände sind bei jedem erwachsenen Menschen vorhanden. Jeweils ein Ich-Zustand ist zu einem bestimmten Zeitpunkt aktiv. (Quelle: eigene Darstellung in Anlehnung an Berne 1984, S. 28)

2. Das **Eltern-Ich** haben wir bei unseren Eltern, aber auch bei anderen Autoritätspersonen erlebt. Unser Denken, Fühlen und Verhalten orientiert sich in diesem Ich-Zustand an unserem damaligen Erleben. So wurden uns Grenzen gesetzt, Normen aufgestellt, Erlaubnisse und Verbote erteilt, Regeln und Anweisungen gegeben und so weiter. Auch haben wir Zuwendung, Hilfe und Fürsorge in diesem Zusammenhang erfahren. In uns haben wir diese Eindrücke gespeichert und geben diese heute an unsere Umwelt weiter. Im Laufe der Zeit haben wir von diesen Eindrücken vieles so tiefgreifend verinnerlicht, dass wir ein entsprechendes Verhalten noch heute unreflektiert gegenüber anderen Menschen zeigen.
3. Das **Erwachsenen-Ich** bildet sich erstmals in der frühen Kindheit heraus. Ist dieser Ich-Zustand aktiviert oder, anders ausgedrückt, mit Energie besetzt, befinden wir uns im Hier und Jetzt. Wir sind sachlich und logisch, orientieren uns an objektiven Realitäten, nehmen Sachzusammenhänge auf, wägen Möglichkeiten ab und treffen nach Abwägung der Möglichkeiten aus unserer Sicht sinnvolle Entscheidungen.

Die Individualität des einzelnen Menschen erwächst daraus, wie und in welchen Zusammenhängen die verschiedenen Ich-Zustände aktiviert werden. Je nachdem, welche persönlichen Erfahrungen in der Entwicklung der verschiedenen Ich-Zustände gemacht wurden, zeigt der Mensch in den Ich-Zuständen unterschiedliche Verhaltensweisen. Um genauere Analysen von Kommunikationsvorgängen vornehmen zu können, unterteilt die moderne Transaktionsanalyse im **Funktionsmodell der Ich-Zustände** das Kindheits-Ich und das Eltern-Ich noch weiter (Gührs und Nowak 2014) (siehe ☑ Abb. 2.4).

Angelehnt an Gührs und Nowak sind die Ich-Zustände im Funktionsmodell folgendermaßen charakterisiert (Gührs und Nowak 2014).

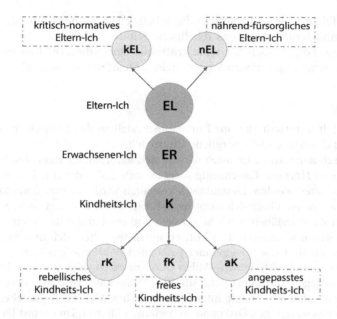

□ **Abb. 2.4** Funktionsmodell der Ich-Zustände. Mithilfe des Funktionsmodells der Ich-Zustände lassen sich Kommunikationsvorgänge genauer analysieren. Es wird in der Transaktionsanalyse häufig herangezogen, um inneres und äußeres Verhalten detaillierter zu beschreiben und zu verstehen. (Quelle: eigene Darstellung in Anlehnung an Gührs und Nowak 2014, S. 78)

- **Kindheits-Ich**

Das Kindheits-Ich unterteilt sich in das freie Kindheits-Ich, das rebellische Kindheits-Ich sowie das angepasste Kindheits-Ich.

1. Im **freien Kindheits-Ich** sind wir unmittelbar mit uns und unseren Gefühlen und Bedürfnissen in Kontakt. Wir sind spontan, kreativ, wir wissen, wozu wir Lust haben, und tun es auch. Wir sind spielerisch und pfiffig, können aber auch egoistisch und rücksichtslos sein. Wir stehen in dem Augenblick für uns im Mittelpunkt.

2. Das **angepasste Kindheits-Ich** und das rebellische Kindheits-Ich reagieren auf Anweisungen, Regeln und Normen von unseren Eltern bzw. anderen Autoritäten. Die Reaktionen sind in den beiden Ich-Zuständen gegensätzlich. Menschen im angepassten Kindheits-Ich schauen, was andere von Ihnen erwarten und versuchen, diese Erwartungen – auch, wenn sie etwas anderes möchten – zu treffen. Sie sind meistens zurückhaltend und stellen ihre Bedürfnisse hinter diejenigen der anderen. Ihre Sicht auf die Welt und das Leben ist häufig von eigener Unzulänglichkeit geprägt, was sich in Ängstlichkeit, Passivität oder auch beleidigtem Rückzug äußert. Das angepasste Kindheits-Ich hat durchaus seine Existenzberechtigung, da ohne das Eingehen auf andere Menschen und ein gewisses Maß an Anpassung das menschliche Zusammenleben kaum möglich ist.

3. Tritt bei einem Menschen das **rebellische Kindheits-Ich** zum Vorschein, so reagiert es, wie auch das angepasste Kindheits-Ich, in der Regel auf das Eltern-Ich eines anderen Menschen, nur eben so, dass es die gestellten Erwartungen

2

ablehnt. Diese Ablehnung vertritt das rebellische Kindheits-Ich mit großer Vehemenz und Kraft. Auch das rebellische Kindheits-Ich hat seine Existenzberechtigung. Folgen doch auf seine kraftvolle Opposition oft Innovationen, die auf den alten, vorgegebenen Wegen nicht erreicht worden wären.

- **Eltern-Ich**

Das Eltern-Ich unterteilt sich im Funktionsmodell in das kritisch-normative Eltern-Ich und das nährend-fürsorgliche Eltern-Ich.

1. Das **kritisch-normative Eltern-Ich** verhält sich autoritär. Es stellt Regeln auf, setzt Grenzen und Normen. Gleichzeitig sorgt es auch dafür, dass die Normen und Regeln eingehalten werden. Destruktives Verhalten wird von ihm unterbunden. Das kritisch-normative Eltern-Ich sucht nach Fehlern und kritisiert andere Menschen. Um Kontrolle auszuüben, schüchtert es ein und erzeugt darüber auch eine Distanz zwischen sich und anderen. Das kritisch-normative Eltern-Ich und das rebellische Kindheits-Ich sind wie für einander geschaffen. Während das kritisch-normative Eltern-Ich bestrebt ist, seinen Willen durchzusetzen, hält das rebellische Kindheits-Ich dagegen und wehrt sich. Auf diese Weise kann eine zwar destruktive und eskalierende, aber sehr stabile Interaktion zwischen Menschen entstehen. Der Verlauf der teilweise heftigen Diskussionen zwischen Eltern („Du räumst Dein Zimmer jetzt auf!") und Kindern („Es ist aufgeräumt genug und außerdem habe ich keine Lust!"), an die sich wohl jeder noch erinnert, ist ein Beispiel hierfür. Wird das Gefühl der Bedrohung durch das kritisch-normative Eltern-Ich beim Gegenüber zu groß, kann es zum Rückzug und zum Einlenken kommen. In diesem Fall wurde das angepasste Kindheits-Ich aktiviert, das zurückweicht und erlaubt, dass jemand anderes Macht über es ausübt.

2. Das **nährend-fürsorgliche Eltern-Ich** kümmert sich um andere. Es spendet Trost, ist liebevoll, hilft und unterstützt und tut auch sonst alles, damit es anderen gut geht. Auch lobt und ermutigt es und bietet Schutz. Diese Verhaltensweisen sind sehr wertvoll in Situationen, wo sie wirklich und ehrlich benötigt werden. Werden sie jedoch aufgedrängt (der Empfänger ist sehr gut selbst in der Lage, die jeweilige Situation zu meistern), verkehrt sich die Wirkung. Die Erwartung ist, dass das angepasste Kindheits-Ich antwortet und sich bevormunden und entmündigen lässt. In diesem Fall zeigt das nährend-fürsorgliche Eltern-Ich seine negative Seite.

Sehen wir uns die verschiedenen Ich-Zustände einmal in Aktion an:

▶ **Fallbeispiel**

Susi arbeitet seit vier Jahren bei der Baumaschinen Schmidt GmbH. Sie hat heute Nachmittag ein wichtiges Gespräch, das über ihre weitere Karriere entscheidet. Es geht um eine vakante Position als Projektleiterin, die sie gerne haben möchte. Das Projekt, um das es geht, ist für das Unternehmen sehr wichtig. Daher wird sie mit dem Geschäftsführer Ralf Schmidt persönlich sprechen. Susi aktiviert morgens nacheinander ihre sechs Ich-Zustände und denkt über das wichtige Gespräch nach:

1. „Endlich ist es soweit. Super, es geht voran. Der Chef soll ein toller Typ sein. Dem erzähle ich auf jeden Fall von meinem letzten Projekt. Da hatten wir alle Spaß! Da ist richtig was bei ‚rausgekommen! Schade, dass es schon vorbei ist. Hoffentlich ist das neue Projekt auch so toll. Ich frag ihn einfach einmal, was er darüber denkt." (freies Kindheits-Ich)

2. „Heute Mittag bekomme ich bestimmt nichts runter. Bei mir krampft sich jetzt schon alles zusammen. Was soll ich bloß sagen? Vielleicht über das letzte Projekt reden? Interessiert den Chef das überhaupt? Hoffentlich vergesse ich nichts. Wieso habe ich mich überhaupt auf die Stelle beworben? Was er wohl von mir wissen will? Ich bringe bestimmt kein Wort heraus." (angepasstes Kindheits-Ich)

3. „Dem werde ich meine Meinung schon sagen. Ich lasse mir hier gar nichts mehr gefallen. Projekte sind schön und gut, aber immer diese endlosen Listen ausfüllen. Projekte funktionieren auch ohne Papierkram. Der Chef weiß doch gar nicht, wie es bei uns aussieht. Wenn ihm nicht passt, wie ich die Sache sehe, dann mache ich den neuen Job eben nicht. Ich muss ja nicht. Er wird schon sehen, was er davon hat!" (rebellisches Kindheits-Ich)

4. „Ich weiß genau, wie der Hase läuft. Dem Geschäftsführer werde ich das schon genau erklären. Harte Arbeit führt zum Ziel. Ohne Fleiß, kein Preis! Das gilt in allen Lebenslagen. So auch in der Projektarbeit. Mal sehen, ob er das versteht. Ich werde einfache Worte finden, um es ihm beizubringen. Der Job gehört so gut wie mir." (kritisch-normatives Eltern-Ich)

5. „Ich weiß schon genau, wie ich ihm helfen kann. Er sieht oft überarbeitet aus. Bestimmt macht er sich über die vielen Projekte sorgen. Ich werde ihm das Gefühl vermitteln, dass mit mir zusammen in der Projektarbeit alles gut wird. Ich bin schon so lange dabei und mit mir fühlen sich alle immer wohl. So ein harmonisches Miteinander ist doch für alle schön." (nährend-fürsorgliches Eltern-Ich)

6. „In der Stellenausschreibung steht ‚mindestens drei abgeschlossene Projekte und Erfahrung im Projektmanagement sowie mindestens ein Projekt als Teilprojektleiterin'. Das kann ich bieten: vier abgeschlossene Projekte, davon eines als Teilprojektleiterin sowie diverse Trainings im Projektmanagement. Die formalen Erwartungen erfülle ich voll und ganz. Es wird also um das Zwischenmenschliche gehen. Wenn er fragt, werde ich einige meiner Erfolge darstellen. So wie ich den Chef bisher kennengelernt habe, sollte ich nicht zu dick auftragen, das mag er nicht. Ansonsten lass ich ihn erst einmal reden und höre genau zu. Die eine oder andere Zwischenfrage sollte ich stellen. Wenn ich mir das alles anschaue und abwäge, habe ich durchaus gute Chancen, den Job zu bekommen." (Erwachsenen-Ich) ◄

> **Wichtig**

Mithilfe des Buchs „Das konstruktive Gespräch" von Manfred Gührs und Claus Nowak (2014) können Sie das Thema Transaktionsanalyse sehr anschaulich vertiefen. Die Ich-Zustände mit zugehörigen Verhaltensweisen sind darin tabellarisch auf den Seiten 81 und 82 beschrieben.

2

Reflexionsaufgabe: Bewusste Interaktionen aus den verschiedenen Ich-Zuständen heraus

Nach unserer Erfahrung macht es Spaß, bewusst mit den Ich-Zuständen zu spielen. Suchen Sie sich bitte eine vertraute Person und spielen die verschiedenen Ich-Zustände an Beispielen aus Ihrem Alltag durch. Alltägliche Situationen könnten beispielsweise Gespräche mit einer vorgesetzten Person am Arbeitsplatz, mit Ihren Eltern oder auch mit Personen, denen gegenüber Sie sich vielleicht unsicher fühlen, sein. Stellen Sie sich bitte jeweils die Frage, wie sich die Veränderung des Ich-Zustandes auf die Kommunikation mit der jeweiligen Person auswirkt.

2.4.2 Transaktionen – Was sich zwischen Menschen abspielt

In der Modellvorstellung der Transaktionsanalyse befinden sich Menschen zu jedem Zeitpunkt in genau einem Ich-Zustand. Von diesem Ich-Zustand werden ihr Verhalten sowie ihr Denken und Fühlen bestimmt. Es finden also Transaktionen zwischen den Ich-Zuständen der beteiligten Menschen statt. So trifft ein kritisch-normatives Eltern-Ich auf ein rebellisches Kindheits-Ich oder ein Erwachsenen-Ich auf ein angepasstes Kindheits-Ich usw. Jede Persönlichkeit ist anders, jeder Ich-Zustand anders ausgeprägt; die Möglichkeiten sind unendlich. Dennoch gibt es in der Interaktion Muster, die immer wieder zu beobachten sind (Berne 1984).

Die *komplementäre* oder auch *parallele Transaktion* (beide Begriffe werden in der Literatur verwendet) könnte mit der Überschrift „Es passiert das Erwartete." versehen werden. Der Mensch, der den Transaktions-Stimulus aussendet, hat eine bestimmte Vorstellung, wie und in welchem Ich-Zustand sein Gegenüber reagieren sollte. Wird diese Vorstellung getroffen, so handelt es sich um eine **komplementäre Transaktion** (Berne 1984) (siehe ◘ Abb. 2.5).

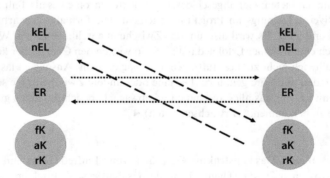

◘ **Abb. 2.5** Komplementäre bzw. parallele Transaktionen. In der Abbildung erwartet das kritisch-normative Eltern-Ich eine Reaktion des Kindheits-Ichs (gestrichelte Pfeile), siehe Fallbeispiel Franz Meier – Auszubildender. Das Erwachsenen-Ich erwartet eine Antwort des anderen Erwachsenen-Ichs (gepunktete Pfeile, siehe Fallbeispiel Ralf und Annika Schmidt). (Quelle: eigene Darstellung in Anlehnung an Berne 1984, S. 33)

> ► **Fallbeispiel**

Franz Meier sagt mit ernster Miene zu einem Auszubildenden, dessen Arbeitsplatz sehr unordentlich ist: „Räumen Sie sofort diesen Saustall auf!". Sein Ich-Zustand ist das kritisch-normative Eltern-Ich. Franz Meier erwartet unbewusst, dass der Auszubildende im Kindheits-Ich antwortet. Und genau so passiert es auch. Er verschränkt die Arme und antwortet wutentbrannt: „Ich habe keine Lust. Ich habe doch gestern erst aufgeräumt. Es ist ja wohl meine Sache, wie es hier aussieht." Franz Meier antwortet lauter: „Das muss ich mir von Ihnen nicht anhören. Sie tun jetzt, was ich Ihnen sage!"

Alles, was passiert, ist nicht überraschend. Komplementäre Transaktionen sind sehr stabile Formen der Interaktion. Im Grunde steht das Drehbuch des Dialoges schon fest. Franz Meier droht weiter, der Auszubildende hält dagegen. Beide werden immer wütender und die Situation eskaliert weiter. Irgendwann wird der Dialog unterbrochen und es wird gehandelt. In dieser Konstellation (siehe ◘ Abb. 2.6) könnte sich das Ganze soweit hochschaukeln, dass die Personalabteilung eingeschaltet werden muss.

Natürlich ist auch eine andere komplementäre Transaktion möglich:

Der Auszubildende könnte das angepasste Kindheits-Ich aktivieren, erschreckt zusammenzucken, rot werden und sagen: „Entschuldigen Sie bitte, ich habe vergessen aufzuräumen. Ich fang sofort an." Auch in diesem Fall passiert etwas, was zu dem Eingangssatz „Räumen Sie sofort diesen Saustall auf!" passt.

Franz Meier (kEL): - „Räumen Sie sofort diesen Saustall auf!"

Auszubildender (rK): - „Ich habe keine Lust. Ich habe doch gestern erst aufgeräumt. Es ist ja wohl meine Sache, wie es hier aussieht."

oder

Auszubildender (aK): - „Entschuldigen Sie bitte, ich habe vergessen aufzuräumen. Ich fang sofort an." ◄

Transaktionen können in jeder Kombination der Ich-Zustände vorkommen. Wichtig ist, dass der Transaktions-Stimulus wie erwartet beantwortet wird (Berne 1984). Nach unserer Erfahrung hat sich in professionellen Kontexten häufig der Erwach-

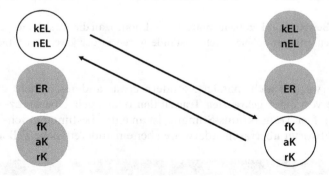

◘ **Abb. 2.6** Komplementäre Transaktion am Beispiel Franz Meier – Auszubildender

2

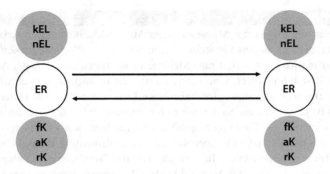

■ **Abb. 2.7**   Komplementäre Transaktion am Beispiel der Eheleute Schmidt

senen-Ich-Zustand bewährt. In diesem ist es möglich, sachorientiert an gemeinsamen Lösungen zu arbeiten. Schauen wir uns dazu den folgenden Beispiel-Dialog zwischen Ralf Schmidt und seiner Frau Annika an (siehe ■ Abb. 2.7).

> ▶ **Fallbeispiel**
>
> *Ralf Schmidt:* - „Wo finde ich die Akte Fritsche?"
> *Annika Schmidt:* - „Im mittleren Aktenschrank im ersten Ordner."
> *Ralf Schmidt (ER):* - „Wo finde ich die Akte Fritsche?"
> *Annika Schmidt (ER):* - „Im mittleren Aktenschrank im ersten Ordner." ◀

Eine nüchterne und sachliche Frage wird genauso nüchtern und sachlich beantwortet. Auch zwischen zwei kritisch-normativen Eltern-Ichs gibt es komplementäre Transaktionen. So könnten sich beispielsweise auf einem Elternabend zwei Väter im kritisch-normativen Eltern-Ich ausgiebig über die Jugend von heute und ihren Mangel an Ordnungssinn unterhalten.

❓ **Reflexionsaufgabe: Persönliche Erlebnisse mit komplementären Transaktionen**
Was sind Beispiele für komplementäre Transaktionen, an die Sie sich aus persönlichen Gesprächen erinnern? Welche Ich-Zustände waren in der jeweiligen Situation aktiviert?

Wenn das Erwartete nicht passiert, sondern etwas anderes, spricht die Transaktionsanalyse von einer **gekreuzten Transaktion** oder auch Überkreuz-Transaktion (Berne 1984). Der Transaktions-Stimulus ist an einen bestimmten Ich-Zustand gerichtet, es antwortet überraschenderweise aber ein anderer (siehe z. B. ■ Abb. 2.8).

> ▶ **Fallbeispiel**
>
> Ralf Schmidt fragt in sachlichem Tonfall seine Frau Annika: „Wo finde ich die Akte Fritsche?" Diese antwortet ernst: „Du solltest Dir besser merken, wo Du Deine Akten hinstellst."

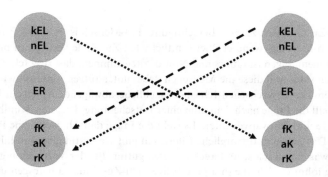

◘ **Abb. 2.8** Gekreuzte Transaktionen. In der Regel erwartet das Erwachsenen-Ich auch eine Reaktion des anderen Erwachsenen-Ichs (gestrichelte Pfeile). Antwortet stattdessen das kritisch-normative Eltern-Ich der anderen Person, wirkt dies irritierend (siehe Fallbeispiel Ralf und Annika Schmidt). Das Gleiche gilt beispielsweise (gepunkteter Pfeil), wenn sich das kritisch-normative Eltern-Ich („Das war nichts. Das kannst Du besser.") an das Kindheits-Ich der anderen Person wendet und stattdessen das kritisch-normative Eltern-Ich antwortet („Es ist nicht Deine Aufgabe, meine Arbeit zu bewerten. Achte besser darauf, was Du sagst."). (Quelle: eigene Darstellung in Anlehnung an Berne 1984, S. 34)

In der Regel erwartet eine Frage im Erwachsenen-Ich auch eine Antwort im Erwachsenen-Ich und nicht – wie in diesem Fall – im kritisch-normativen Eltern-Ich, das sich an das Kindheits-Ich richtet. Ralf Schmidt wird wahrscheinlich überrascht oder irritiert sein. Seine Frau antwortet in diesem Fall nicht auf die eigentliche Frage nach der Akte, sondern auf etwas, was in der Vergangenheit liegt. Vielleicht hat sie im Laufe der Zeit „Rabattmarken" zur Vergesslichkeit ihres Mannes gesammelt und gerade jetzt ist das Heft voll. Es kann viele Gründe geben. Dennoch wird Ralf Schmidt von der gekreuzten Transaktion irritiert sein und das beabsichtigte Ergebnisseiner Transaktion kommt zunächst nicht zustande.

Wie könnte Ralf Schmidt mit der Situation umgehen? Er könnte mit einer parallelen Transaktion antworten, z. B. im rebellischen Kindheits-Ich: „Ich habe keine Lust, mir von Dir sagen zu lassen, ich könne mir nicht merken, wo ich meine Akten hinstelle." In diesem Fall wird sich die Kommunikation wahrscheinlich stabilisieren. Seine Frau wird voraussichtlich im kritisch-normativen Eltern-Ich verbleiben. Es geht jetzt nicht mehr um die Akte, sondern darum, wer sich wem gegenüber früher, heute und in Zukunft wie verhält. Ralf Schmidt kommt der Akte dabei keinen Schritt näher.

Günstiger wäre es, wenn er ebenfalls eine gekreuzte Transaktion ansetzen würde. Zielsetzung wäre es in diesem Fall, seine Frau dazu zu bewegen, ebenfalls ihr Erwachsenen-Ich zu aktivieren. Er könnte hierzu weiterhin sein Erwachsenen-Ich mit Energie besetzen und antworten: „Hast Du den Eindruck, dass ich Dich mit Kleinigkeiten behellige? Wir können gerne gleich darüber sprechen, nur wartet der Kunde auf eine Antwort. Könntest Du mir daher bitte zunächst helfen und mir sagen, wo die Akte Fritsche steht?" Auf diese Art und Weise gelingt es häufig, einen anderen Menschen dazu zu bewegen, einen unproduktiven und nicht zielführenden Ich-Zustand zu verlassen und in einen produktiven Ich-Zustand zu wechseln. ◄

2

> **Wichtig**
>
> Jeder Ich-Zustand besitzt seine Berechtigung. Ein Mensch ist in seiner Persönlichkeit nur dann vollständig, wenn er über sämtliche Ich-Zustände verfügt. In professionellen Zusammenhängen ist Gührs und Nowak zuzustimmen, dass drei Ich-Zustände zu bevorzugen sind, weil diese die Menschen dabei unterstützen, produktiv miteinander umzugehen. Das Erwachsenen-Ich ist der sachliche, abwägende Anteil der Persönlichkeit. Es stellt die Frage nach dem Sinn einer Entscheidung. Das freie Kindheits-Ich ist der kreative und innovative Anteil. Es stellt die Frage danach, wozu eine Person Lust verspürt. Das nährend-fürsorgliche Eltern-Ich gibt Unterstützung und hilft anderen. Es fragt, was einem selbst und auch anderen guttut. Bei der Vorbereitung einer Entscheidung lohnt es sich, die drei produktiven Ich-Zustände zu befragen und anhand der erhaltenen Antworten im Erwachsenen-Ich erneut abzuwägen (Gührs und Nowak 2014).

Die dritte Art der Transaktion ist die **verdeckte Transaktion**. Die verdeckte Transaktion läuft als zweite Transaktion neben der vordergründig erkennbaren Transaktion ab. Sie äußert sich über das Verhalten des Senders, der beispielsweise etwas sagt, dabei jedoch ein inkongruentes Verhalten zeigt. In der Transaktionsanalyse wird die offene Ebene als soziale Ebene und die verdeckte Ebene als psychologische Ebene bezeichnet (Berne 1984; Gührs und Nowak 2014).

> ► **Fallbeispiel**
>
> Auf eine Frage von Frau Probst, der Sekretärin von Herrn Schmidt, im nährend-fürsorglichen Eltern-Ich („Wie geht es Dir?") antwortet der Auszubildende auf sozialer Ebene aus dem Erwachsenen-Ich („Mir geht es gut."). Tonfall und Gesichtsausdruck des Auszubildenden offenbaren dagegen die genau gegenteilige Botschaft aus dem freien Kindheits-Ich („Ich fühle mich hundsmiserabel."). Die verdeckte Transaktion kann unterschiedlich deutlich wahrnehmbar sein. Auf der emotionalen Ebene wird Frau Probst die Botschaft vielleicht als ungutes oder mulmiges Gefühl wahrnehmen. ◄

Ein anderes Beispiel für verdeckte Transaktionen ist Ironie. Der oder die auf ironische Art Angesprochene steckt in einem Dilemma. Zwei Botschaften, eine offen und eine verdeckt, kommen an. Doch worauf soll die Empfängerin/der Empfänger reagieren? Reagiert sie oder er auf die psychologische Ebene der Nachricht, könnte die andere Person diese leugnen – gesagt wurde ja etwas anderes. Sie zu ignorieren, wäre eine zweite Möglichkeit. In diesem Fall bleibt vielleicht ein ungutes Gefühl zurück. Oder die Transaktion kreuzen? Aus dem Erwachsenen-Ich könnte die Frage gestellt werden: „Wie meinst Du/meinen Sie das?"

In jedem Fall wird die zielgerichtete und produktive Kommunikation durch verdeckte Transaktionen wie Ironie deutlich erschwert. Verdeckte Transaktionen sind in der menschlichen Kommunikation häufig für allerlei Irrungen, Wirrungen und Missverständnisse verantwortlich. Auch werden sie häufig in manipulativer Absicht eingesetzt.

Beispielsweise könnte eine Großmutter seufzend zu ihrem Enkel sagen: „Ich komme gut allein zurecht. Ich weiß ja, Du hast so viel zu tun."

> **Wichtig**
> In professionellen Kontexten sollte aus unserer Sicht auf verdeckte Transaktionen verzichtet werden. Sie erschweren zielgerichtetes kommunizieren nicht nur, sondern können sich nachhaltig negativ auf die professionelle Beziehung auswirken. Insbesondere Ironie kann, wenn diese missverstanden wird, zu tiefen Kränkungen und schwer zu vermittelnden Konflikten führen.

2.4.3 Lebensanschauungen von Menschen

Das letzte Element der Transaktionsanalyse, das wir uns zum Verständnis menschlicher Kommunikation anschauen möchten, sind die unterschiedlichen **Lebensanschauungen** von Menschen, die sich als Grundhaltungen des Menschen zum eigenen Leben und zur Beziehung zu anderen Menschen charakterisieren lassen. Thomas A. Harris, ein enger Mitarbeiter von Eric Berne, differenziert in seinem Buch „Ich bin o. k., Du bist o. k." (Harris 1994) zwischen vier möglichen Lebensanschauungen bzw. Möglichkeiten der Selbst- und Fremdwahrnehmung, die im folgenden Schema dargestellt sind (Harris 1994, S. 60 ff.) (siehe ◘ Abb. 2.9).

Die Grundlagen dafür, wie ein Mensch sich und andere sieht, werden in der Kindheit gelegt. Der Umgang der Eltern mit ihrem Kind bestimmt das Selbstbild des Kindes und später das des Erwachsenen. Das Kind fragt sich: Wer und wie bin ich? Die Antworten, die das Kind auf seine Fragen erhält, manifestieren sich im Selbstbild des Kindes. Erhält es die Botschaft „Du bist in Ordnung und Du bist wertvoll, so wie Du bist.", wird es dieses Bild übernehmen, wie es gegenteilige Bilder ebenfalls verinnerlichen wird. Ähnliches passiert bei seinem Blick auf andere

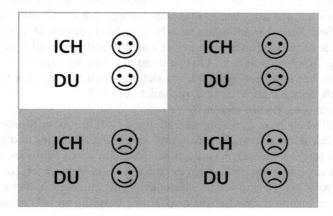

◘ **Abb. 2.9** Die vier grundlegenden Lebensanschauungen der Transaktionsanalyse. Von den vier grundlegenden Möglichkeiten, sich und andere zu sehen, ist die Lebensanschauung „Ich bin o.k., Du bist o.k." eine günstige Voraussetzung für das Gelingen von menschlicher Kommunikation. (Quelle: eigene Darstellung in Anlehnung an Harris 1994, S. 60 ff.)

2

Menschen. Nimmt das Kind seine Umgebung als freundlich und wertvoll war, wird es diese genauso verinnerlichen wie eine Umwelt, der es mit Misstrauen begegnet. Die Lebensanschauung ist das Ergebnis dieses Prozesses, wobei diese nicht durchgängig konstant sein muss, sondern je nach Kontext unterschiedlich sein kann (Harris 1994; Gührs und Nowak 2014).

Jeder am Kommunikationsprozess Beteiligte besitzt im Hier und Jetzt eine solche Lebensanschauung. Je nach Ausprägung wird die Kommunikation unterschiedlich eingefärbt. Lassen Sie uns im Folgenden die vier Lebensanschauungen angelehnt an Harris näher betrachten (Harris 1994; Gührs und Nowak 2014):

1. **Ich bin o. k., Du bist o. k.**
   Diese Lebensanschauung bildet die günstigste Voraussetzung, damit menschliche Kommunikation gelingt. Der Mensch nimmt sich und andere als gut und wertvoll wahr. Die Kommunikation ist offen, vertrauensvoll und wertschätzend. Sie muss nicht zwangsläufig frei von Widerspruch und unterschiedlichen Meinungen sein. Es ist jedoch mit einer solchen Einstellung möglich, Konflikte auf der Sachebene zu belassen und unabhängig von der Person Kompromisse zu finden.

2. **Ich bin o. k., Du bist nicht o. k.**
   Menschen mit dieser Lebensanschauung sind von sich selbst überzeugt und fühlen sich anderen überlegen. Sie sind ungeduldig mit anderen und reißen Aufgaben an sich. Erfolge gehen selbstverständlich auf ihr Konto, Misserfolge schieben sie dagegen anderen zu. Sie wirken in der Kommunikation arrogant und verhalten sich abwertend anderen Menschen gegenüber.

3. **Ich bin nicht o. k., Du bist o. k.**
   Das Leben fühlt sich schwer und überfordernd für Menschen mit dieser Lebensanschauung an. Sie fühlen sich anderen Menschen gegenüber unterlegen und werten sich selbst als Person ab. Andere Menschen können nach dieser Lebensanschauung alles besser und besitzen weniger Fehler und Makel als sie selbst. Diese Lebensanschauung ist sehr belastend für den Menschen, so dass dieser sich zeitweise Entlastung in der nachfolgend beschriebenen Lebensanschauung „Ich bin nicht o. k., Du bist nicht o. k." sucht. Das Scheitern anderer wird dabei bewusst herbeigeführt, um sich selbst zu zeigen: „Ich bin zwar unzulänglich, aber die anderen sind auch nicht besser."

4. **Ich bin nicht o. k., Du bist nicht o. k.**
   Eine solche Lebensanschauung ist mit einem Gefühl großer Sinnlosigkeit verbunden. Ich selbst und auch andere sind nicht wertvoll. Alles und jeder im Leben eines solchen Menschen ist negativ. Geschieht etwas Positives, das nicht in die Lebensanschauung passt, wird es entwertet und abgewertet. Konstruktiven Lösungsvorschlägen sind solche Menschen wenig zugänglich, da sie den Drang haben, ihre verinnerlichte Lebensanschauung bestätigt zu bekommen.

▶ **Wichtig**
Der Mensch hat nach unserer Erfahrung eine bevorzugte Lebensanschauung, kann aber situativ in jede andere Lebensanschauung wechseln. So kann in herausfordernden und stressbehafteten Situationen ein spontaner Wechsel stattfinden. Die bevorzugte Lebensanschauung oder Grundhaltung eines Menschen ist tief in seiner Psyche

verwurzelt. Sie ist echt und wahr für ihn. Daher wird ein Mensch seine Grundhaltung auch dann verteidigen, wenn objektive Tatsachen dagegensprechen.

▶ **Beispiel: Entlastung durch Abwertung**

Ein Mensch, der sich nicht o. k. fühlt und für seine Arbeit Lob und Anerkennung erhält, fühlt sich psychisch und teilweise sogar physisch unwohl. Um sich Entlastung zu verschaffen, wird diese Person häufig versuchen, ihre Leistung abzuwerten. So könnte Ralf Schmidt, der mit dem Satz, „Prima Job, weiter so.", einen Mitarbeiter loben möchte, folgende Antwort erhalten: „Ach, das war nur Glück. Auch ein blindes Huhn findet mal ein Korn." ◀

❓ Reflexionsaufgabe: Meine persönliche Lebensanschauung

Was ist Ihre bevorzugte Lebensanschauung? Denken Sie an Situationen, die für Sie herausfordernd oder sogar Stress auslösend waren, ein Bewerbungsgespräch beispielsweise. Wie haben Sie sich gefühlt und was haben Sie über Ihren Gesprächspartner bzw. Ihre Gesprächspartnerin gedacht? Erfahrungsgemäß kann die eigene Haltung zu sich selbst und zu anderen in konkreten Situationen unterschiedlich sein. Denken Sie bitte einmal bewusst über Begegnungen mit anderen Menschen nach, in denen Sie sich richtig gut gefühlt haben und die Ihnen Freude bereitet haben. Wie waren Ihre Haltung und die Ihres Gegenübers in der Situation? Gab es Situationen, in denen es komplett anders war und Sie sich extrem unwohl im Gespräch mit einem anderen Menschen gefühlt haben? Welche Haltungen hatten Sie beide in der Situation?

2.5 Kommunikation nach Schulz von Thun

Wenn Menschen einander begegnen, kommunizieren sie auch. In verbaler oder nonverbaler Form (Verhalten) werden Nachrichten ausgetauscht. Wir haben mittlerweile erfahren, dass die Bedeutung einer Nachricht für den Empfänger vom Inhalt, von der Beziehung zum Sender, vom Sender und Empfänger selbst sowie vom Kontext abhängt. Friedemann Schulz von Thun hat Anfang der 1980er-Jahre dazu sein bis heute populäres Konzept zu den vier Seiten einer Nachricht vorgelegt. Dabei hat er nach eigener Angabe versucht, die grundlegenden Ansätze zur Kommunikationsforschung „unter einen Hut" zu bringen (Schulz von Thun 2013, S. 14).

2.5.1 Die vier Seiten einer Nachricht

Eine Nachricht besitzt nach Schulz von Thun vier Aspekte oder Seiten. Sie besitzt einen Sachinhalt, einen Beziehungsanteil, einen Selbstoffenbarungsanteil sowie einen Appellanteil (Schulz von Thun 2013). Dieser Zusammenhang ist in ❑ Abb. 2.10 dargestellt.

Im Folgenden geben wir Ihnen einen Überblick über das von Schulz von Thun formulierte Konzept. Die verschiedenen Anteile lassen sich wie folgt charakterisieren:

2

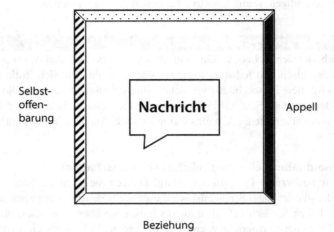

Sachinhalt

Selbst-
offen-
barung

Nachricht

Appell

Beziehung

◘ Abb. 2.10   Die vier Seiten einer Nachricht. Das Vier-Seiten-Modell von Schulz von Thun ist auch als Kommunikationsquadrat bekannt und besagt, dass jede Nachricht immer mehrere Ebenen besitzt: Sachebene, Beziehungsebene, Selbstoffenbarungsebene, Appellebene. Mithilfe dieses Modells kann Kommunikation beschrieben werden, die z. B. durch Missverständnisse gestört ist. (Quelle: eigene Darstellung in Anlehnung an Schulz von Thun 2013, S. 15)

1. **Sachinhalt:** Der Sachinhalt wird in irgendeiner Form vom Sender der Nachricht kodiert und muss vom Empfänger wieder dekodiert werden. Solche Kodierungen können Sprache, Symbole oder andere Formen von Zeichen (z. B. Zeichensprache bei Gehörlosen) sein. Um den Sachinhalt sicher übermitteln und empfangen zu können, müssen Sender und Empfänger zwangsläufig über den gleichen Zeichensatz verfügen. Sprechen und verstehen Sender und Empfänger nur unterschiedliche Sprachen, kann eine übermittelte Nachricht vom Empfänger nicht dekodiert bzw. übersetzt werden. Stimmen die Zeichensätze von Sender und Empfänger nicht überein, kommt es zu Missverständnissen. Diese können so weit reichen, dass der Sachinhalt vom Empfänger überhaupt nicht verstanden wird. Oft genügt es, dass einzelne Worte anders oder überhaupt nicht verstanden werden. So wäre es ohne Weiteres möglich, diesen Text durch die ausgiebige Verwendung von Fremdwörtern, verschachtelten Sätzen, undefinierten Abkürzungen etc. zumindest schwierig, wenn nicht sogar unlesbar zu gestalten. Schulz von Thun verweist in diesem Zusammenhang auf das **Hamburger Verständlichkeitsmodell** (Langer et al. 1974; Langer et al. 1981). Dieses wurde von Friedemann Reinhard Tausch, Schulz von Thun und Inghard Langer Anfang der 70er-Jahre des letzten Jahrhunderts entwickelt. Nach diesem Modell beruht die Verständlichkeit auf vier Säulen (vgl. Schulz von Thun 2013):
    ▬ Einfachheit in der sprachlichen Formulierung,
    ▬ Gliederung/Ordnung des Textes,
    ▬ Kürze und Prägnanz sowie
    ▬ zusätzliche Stimulanz oder anregende Stilmittel.

2. **Beziehung**: Im Kern geht es um die Frage, wie Sender und Empfänger ihre Beziehung definieren. Entsprechend werden Worte gewählt und das Verhalten angepasst. Treffen sich zwei Freunde und der eine begrüßt den anderen mit dem Satz „Na mein Junge, wie geht es Dir?", ist dieser Satz vermutlich kongruent zur freundschaftlichen Beziehung der beiden. Nun behalten wir den Satz „Na mein Junge, wie geht es Dir?" bei und ändern nur die Beziehung. Welche Bedeutung erhält dieser Satz, wenn Sie ihn bei einer völlig fremden Person benutzen? Interessant wäre sicherlich auch, wie Ihre Führungskraft den Satz auffassen würde. Auch Watzlawick et al. haben – wie in ▶ Abschn. 2.3 zu erfahren war – in ihrem zweiten Axiom zur menschlichen Kommunikation auf den Beziehungsaspekt jeder menschlichen Kommunikation hingewiesen. Stimmen die Beziehungsdefinition von Sender und Empfänger überein, ist die Wahrscheinlichkeit hoch, dass die Botschaft der Nachricht so verstanden wird, wie sie gemeint ist. Hat der Empfänger der Nachricht eine andere Beziehungsdefinition, wird es zu Irritationen und Missverständnissen kommen.

3. **Selbstoffenbarung** oder auch *Selbstkundgabe*: Kommuniziert ein Mensch, gibt er auch immer etwas von sich selbst preis. Die Sprache oder die Art und Weise, wie sich jemand ausdrückt, verrät etwas darüber, aus welchem sprachlichen Umfeld er oder sie stammt. Das Verhalten eines Menschen gibt uns Hinweise darauf, wie sich dieser gerade fühlt. Ist der Mensch aufgeregt oder ruhig, angespannt oder locker, verlegen oder selbstbewusst …? Im Verhalten offenbart sich die eigene verinnerlichte Haltung, mit der wir einem anderen Menschen begegnen (beispielsweise mit Wertschätzung oder Abwertung). Selbst wenn ein Mensch versucht, seine Haltung oder seine Emotionen zu unterdrücken oder zu überspielen, kommt etwas bei uns an. Manchmal ist es nur ein leichtes Gefühl der Irritation.

4. **Appell**: Obwohl manche TV-Unterhaltung nicht dafürspricht, dass der Mensch in der Regel zielgerichtet kommuniziert, steckt hinter einer Nachricht in der Regel eine Absicht. Schulz von Thun schreibt dazu: „Kaum etwas wird ‚nur so' gesagt" (Schulz von Thun 2013, S. 32). Die Absicht hinter einer Nachricht kann offen genannt werden oder ist verdeckt. Im zweiten Fall versucht der Sender, den Empfänger zu manipulieren. Im Falle einer Manipulationsabsicht werden meistens die drei anderen Seiten entsprechend eingefärbt, um den Effekt der verdeckten Einflussnahme noch zu verstärken.

❯ **Wichtig**
Zur Vertiefung des Modells von Schulz von Thun empfehlen wir Ihnen sein sehr gut lesbares und mit vielen Beispielen angereichertes Buch „Miteinander reden 1: Störungen und Klärungen" (2013), das schon vielfach neu aufgelegt wurde und auch als Taschenbuch verfügbar ist.

2.5.2 Kongruente und inkongruente Kommunikation

Nachrichten besitzen nach Schulz von Thuns Modell vier Seiten bzw. Aspekte. Jede in verbaler Form übermittelte Nachricht besitzt diese. Bei rein nonverbalen Nachrichten bleibt der Sachinhalt in der Regel leer, es sein denn, Sender und Emp-

2

fänger kommunizieren mit einem nonverbalen Zeichensatz. Jede Nachricht besitzt mehrere unterschiedliche Botschaften. Diese können explizit formuliert werden oder sich implizit (z. B. über das Verhalten des Senders) erschließen. Die impliziten Botschaften werden oft nonverbal übermittelt. Sie befinden sich sozusagen „zwischen den Zeilen" (Schulz von Thun 2013). Je nachdem, in welcher Beziehung implizite und explizite Botschaften zueinander stehen, kann die Nachricht **kongruent** oder **inkongruent** sein:

Definition

Kongruente Nachricht: „Eine Nachricht heißt kongruent, wenn alle Signale in die gleiche Richtung weisen, wenn sie in sich stimmig sind." (Schulz von Thun 2013, S. 39)
Beispiel: Schreit Franz Meier einen Auszubildenden wutentbrannt, mit hochrotem Gesicht und weit aufgerissenen Augen mit den Worten „Ich bin nicht bereit, mich noch länger von Ihnen an der Nase herumführen zu lassen!" an, so sind Gesagtes und Verhalten sicherlich kongruent.

Definition

Inkongruente Nachrichten sind Nachrichten bei denen „die sprachlichen und nichtsprachlichen Signale nicht zueinander passen" (Schulz von Thun 2013, S. 39).
 Beispiel: Treffen sich einige Kolleginnen und Kollegen der Baumaschinen Schmidt GmbH abends beim Bowling und sagt ein Mitglied der eigenen Mannschaft mit verschlossener Miene „Toller Wurf.", nachdem ein Mitspieler zum zweiten Mal hintereinander nur die Rinne getroffen hat, erschließt sich dem oder der Angesprochenen die Inkongruenz der Nachricht und die eigentliche Botschaft relativ einfach.

Inkongruente Nachrichten sind in sich nicht stimmig. Bei ihnen stimmt das Gesagte mehr oder weniger deutlich nicht mit den weiteren, nichtsprachlichen Signalen überein. Dem Empfänger stehen verschiedene Interpretationshilfen zur Verfügung, um die eigentliche Botschaft zu ermitteln (Schulz von Thun 2013). Haley spricht nach Schulz von Thun in diesem Zusammenhang von der *Qualifizierung einer Botschaft* (Haley 1978). So können der Kontext, die Art der Formulierung, die Mimik und Gestik sowie der Tonfall Anhaltspunkte zur Qualifizierung einer Botschaft liefern (Schulz von Thun 2013).

 Komplexer wird die Situation, wenn über die Beziehungsebene Botschaften transportiert werden. Auf der Beziehungsebene kommt es darauf an, dass Sender und Empfänger die Beziehung gleich definieren, sonst werden Botschaften verzerrt und damit miss- bzw. unverständlich (Schulz von Thun 2013; Watzlawick et al. 1967/2011).

▶ **Fallbeispiel**

In einer geklärten, auf gegenseitiger Wertschätzung basierenden Beziehung wie bei Ralf und Annika Schmidt kann – mit einem freundlichen Lächeln auf den Lippen – schon einmal ein Satz wie folgender fallen: „Ich habe das schon häufiger erlebt. Bei genauerer Betrachtung war Deine Entscheidung ziemlich idiotisch." Obwohl der Satz inkongruent zur Mimik ist, ist die Chance groß, dass beabsichtigte implizite Botschaften wie „Ich bin bei Dir. Sprich mich beim nächsten Mal ruhig vorher an. Ich helfe Dir gerne." ankommen. Eine Garantie hierfür gibt es jedoch nicht einmal in einer solchen geklärten Beziehung.

Nun stellen wir uns vor, dass der Satz zwischen Arbeitskollegen oder Arbeitskolleginnen, deren Beziehung ungeklärt ist, fällt. Ein Lächeln ist mehrdeutig, kann es doch Zuneigung oder auch Verachtung ausdrücken. Der Empfänger hat nun die Wahl: Hält er die Nachricht für kongruent und fühlt sich gekränkt, wird dieser doch nicht nur als Idiot bezeichnet, sondern gleichzeitig zu allem Überfluss auch noch verächtlich behandelt. Oder wird ihr oder ihm warm ums Herz, weil ihm oder ihr, zwar auf eher raubeinige Art und Weise, aber dennoch Mitgefühl entgegengebracht und Hilfe angeboten wird. Die Wahrscheinlichkeit, dass die zweite Botschaft empfangen wird, ist deutlich geringer als im ersten Fall. Je nach Ausprägung der Inkongruenz ist der Empfänger in zunehmendem Maße irritiert oder sogar verwirrt: Wie und worauf soll er oder sie denn reagieren? Auf das Gesagte oder das, was sie oder er auf andere Art und Weise wahrnimmt? ◄

Gerade in ungeklärten Beziehungen sind in solchen Fällen Konflikte vorprogrammiert. Ein anderes Beispiel für Inkongruenz mit möglicherweise verheerenden Auswirkungen ist nach unserem Erleben der Gebrauch von Ironie in ungeklärten Beziehungen. Auch unbeabsichtigt können Menschen von Ironie zutiefst verletzt werden.

> ❓ **Reflexionsaufgabe: Gezielter Einsatz von Inkongruenz in Komödien**
> In Komödien wird häufig das Stilmittel des Missverständnisses verwendet. Achten Sie doch einmal beim nächsten Kinobesuch oder auch im Fernsehen auf die Inkongruenz in der Kommunikation der Akteure.

2.5.3 Kommunikation – Ein Geben und Nehmen

Unsere bisherigen Betrachtungen hatten vorrangig den Sender einer Nachricht im Fokus. Dieser sagt etwas oder verhält sich in der Absicht, dem Empfänger etwas mittzuteilen. Er sendet seine Nachricht – angefüllt mit unterschiedlichen Botschaften – ohne zu wissen, welche Botschaft eigentlich wie beim Empfänger ankommt. Seine Nachricht muss der Empfänger mit den ihm zur Verfügung stehenden Mitteln dekodieren. Schulz von Thun nutzt hierzu das Bild von vier Ohren, mit denen der Empfänger einer Nachricht diese hört. Er hört mit dem Sach-, dem Beziehungs-, dem Selbstoffenbarungs- und dem Appellohr. Jedes Ohr empfängt jeweils seine Seite der Nachricht und dekodiert diese. Das Ergebnis der Dekodierung hängt demnach vom Empfänger ab. Dieser verarbeitet die Nachricht, übersetzt die enthaltenen Botschaften und reagiert auf diese.

Die Übersetzung und die Reaktion sind vollständig subjektiv (siehe auch ► Abschn. 2.6; Schulz von Thun 2013). Mit anderen Worten: Es kann alles passieren.

2

> ▶ **Fallbeispiel**
>
> Die Reaktion auf ein von Monika Bach freundlich gemeintes „Guten Morgen, Herr Meier." kann durchaus sein: „Ob der Morgen gut ist, wird sich noch zeigen." Herr Meier antwortet, jedoch auf etwas anderes als das freundlich gemeinte „Guten Morgen". Vielleicht hat er ein unangenehmes Gespräch vor sich oder er wartet auf eine unangenehme Mitteilung. Die Gründe dafür können vielfältig sein. Dennoch ist Monika Bach mit der Antwort, die aus ihrer Sicht überhaupt nicht zu ihrem Gruß passt, konfrontiert. Vielleicht hört sie heraus, dass Herr Meier gar nicht sie meint, sondern etwas unangenehmes anderes. Vielleicht fühlt sie sich aber auch angegriffen. Dann reagiert sie ihrerseits vielleicht mit: „Begrüßen werden wir uns ja wohl noch können." Und so weiter. ◀

Das Beispiel zeigt, dass es keinen Sinn macht, die beiden Gesprächspartner einzeln zu betrachten. An menschlicher Kommunikation sind immer mindestens zwei beteiligt, deren Aktionen und Reaktionen sich gegenseitig beeinflussen. Der Sender sendet seine Nachricht auf seine Art und Weise, der Empfänger empfängt die Nachricht auf seine Art und Weise und reagiert darauf in seiner Art und Weise, womit sich der Kreis schließt (Watzlawick et al. 1967/2011; Schulz von Thun 2013).

Wie bereits angesprochen wurde, ist menschliche Kommunikation kreisförmig – ohne Anfang und Ende. Die Frage, wer bei der Begegnung zweier Menschen zuerst agiert und wer reagiert, macht keinen Sinn. Wer zuerst etwas sagt, könnte bereits auf ein wahrgenommenes Verhalten des anderen reagieren. Oder an etwas aus der gemeinsamen Vergangenheit anknüpfen. Auch in diesem Fall ist es eine Frage der individuellen Interpunktion, wo der subjektive Anfangspunkt der Kommunikation gesetzt wird. Der Empfänger wird ebenfalls einen setzen. Wo dieser liegt, liegt bei ihm (Watzlawick et al. 1967/2011; Schulz von Thun 2013).

Schulz von Thun geht noch weiter, indem er von einer *„übersummativen Gleichung"* (Schulz von Thun 2013, S. 97) in der Kommunikation spricht. Die Interaktion zweier Menschen, die sich gegenseitig beeinflussen und dabei eine Eigendynamik entwickeln, bringt damit mehr zustande als die Summe der beiden Anteile. Was in der Kommunikation abläuft, ist zwar im Nachhinein und bei entsprechender Analyse erklärbar, jedoch nicht voraussagbar.

❓ Reflexionsaufgabe: Das Emergenz-Prinzip

Haben Sie in der Zusammenarbeit mit anderen Menschen schon einmal bewusst erlebt, dass in der Kommunikation etwas entstanden ist, was über Ihre Erwartungen hinausgegangen ist? Rufen Sie sich bitte dieses Gespräch in Erinnerung und versuchen nachzuvollziehen, was im gegenseitigen Austausch passiert ist. Recherchieren Sie dazu bitte auch zum Emergenz-Prinzip.

2.6 Konstruktivistische Perspektive auf Kommunikation

Eine aus unserer Sicht radikale Form, um Kommunikation zu betrachten, besteht darin, diese als vollständig konstruktivistisch anzusehen, also eine **konstruktivistische Sichtweise** einzunehmen. Keller et al. führen dazu aus, dass der „Konstruktivismus generell davon ausgeht, dass die Wirklichkeit keine bloße ‚positive' Gegebenheit darstellt, sondern eine, wenn auch keineswegs beliebige Konstruktion ist" (Keller et al. 2013).

Definition

Eine **konstruktivistische Sichtweise** im Zusammenhang von Kommunikation bedeutet, dass der Mensch das, was ihn an Sinneseindrücken erreicht, zunächst verarbeitet und daraus seine eigene subjektive Wirklichkeit erschafft.

Watzlawick et al. und Schulz von Thun sind ebenfalls Vertreter einer konstruktivistischen Sichtweise auf Kommunikation. So wählt Schulz von Thun für ein Kapitel folgende Überschrift „Die ankommende Nachricht: Ein ‚Machwerk' des Empfängers" (Schulz von Thun 2013, S. 67). Letztendlich bedeutet eine solche Sicht, dass der Sender zwar Nachrichten mit beabsichtigten Botschaften senden kann, dass es jedoch vom Empfänger abhängt, welche Botschaften dieser versteht. Der Empfänger reagiert also nicht auf das Gesagte und auch nicht auf das Gehörte, sondern auf das, was er verstanden hat (Watzlawick et al. 1967/2011; Schulz von Thun 2013).

Ein solches streng konstruktivistisches Kommunikationsmodell hat durchaus seine Berechtigung. In der Anwendung stößt es aus unserer Sicht jedoch häufig an seine Grenzen, da der Mensch bei der Beobachtung von Kommunikationsvorgängen in der Regel eine Black Box ist. In der Selbstbetrachtung der eigenen Kommunikation ist es durchaus sinnvoll, sich selbst und die Art und Weise, wie mit Nachrichten umgegangen wird, zu reflektieren.

Zusammenfassung in Schlagworten

- In diesem Kapitel haben wir uns inhaltlich mit **Metakommunikation** befasst, also der auf Systeme und Begriffe bezugnehmenden Kommunikation über Kommunikation.
- Grundsätzliches:
  - Menschliche Kommunikation kann als verbaler oder nonverbaler Austausch von **Nachrichten** zwischen einem **Sender** und mindestens einem **Empfänger** vereinfacht dargestellt werden (*Sender-Empfänger-Modell* nach Shannon und Weaver 1972)
  - Menschen tauschen stets gleichzeitig **Sachinhalte** und Botschaften auf der **Beziehungsebene** aus, während sie außerdem etwas von sich preisgeben und eine Absicht mit ihrer Kommunikation verfolgen.
- Menschliche Kommunikation lässt sich mittels verschiedener **Modelle und Ansätze** (einzeln und in Kombination) analysieren. Drei sehr bekannte Ansätze haben wir in diesem Kapitel behandelt: die *fünf Axiome* nach Watzlawick et al. (1967/2011), das *Vier-Seiten-Quadrat* nach Schulz von Thun (2013) und die *Transaktionsanalyse* nach Eric Berne (1984).
  - *Fünf Axiome* von Watzlawick, Beavin und Jackson zu menschlicher Kommunikation:
    1. Man kann nicht nicht kommunizieren.

2

2. Jede Kommunikation hat einen Inhalts- und einen Beziehungsaspekt, derart, dass letzterer den ersteren bestimmt.
3. Die *Natur* einer Beziehung ist durch die Interpunktion seitens der Partner bedingt.
4. Menschliche Kommunikation bedient sich digitaler und analoger Modalitäten.
5. Zwischenmenschliche Kommunikationsabläufe sind entweder symmetrisch oder komplementär, je nachdem, ob die Beziehung zwischen den Partnern auf Gleichheit oder Unterschiedlichkeit beruht.

- *Vier-Seiten-Modell* einer Nachricht nach Schulz von Thun (2013):
  - Sachebene
  - Beziehungsebene
  - Selbstoffenbarungsebene
  - Appellebene
- *Transaktionsanalyse* nach Berne (1984): Kommunikation findet anhand der in Transaktionen aktiven Ich-Zustände (Eltern-Ich, Erwachsenen-Ich, Kindheits-Ich) statt. Symmetrische oder komplementäre Transaktionen, welche von allen kommunizierenden Parteien als solche erwartet werden, zeugen von erfolgreicher Kommunikation, während sich gekreuzte oder verdeckte Transaktionen als problematisch erweisen können.
- Auch die **Lebensanschauungen** der Kommunizierenden, wie sie beispielsweise Harris (1994) formuliert hat, oder die wahrgenommene **Kongruenz** der übermittelten Nachrichten wirken sich auf die den Erfolg von Kommunikation aus.
- **Konstruktivistische Sichtweise** von Kommunikation: Die empfangene Nachricht hängt immer zu einem Großteil vom Empfänger selbst ab.

Literatur

Berne, E. (1961). *Transactional Analysis in Psychotherapy*. New York: Grove Press.
Berne, E. (1984). *Spiele der Erwachsenen*. Reinbek: Rowohlt.
Bibliographisches Institut GmbH. (2016a). *DUDEN online – Axiom*. http://www.duden.de/rechtschreibung/Axiom. Zugegriffen am 03.02.2016.
Bibliographisches Institut GmbH. (2016b). *DUDEN online – Semantik*. http://www.duden.de/rechtschreibung/Semantik. Zugegriffen am 03.02.2016.
Bibliographisches Institut GmbH. (2016c). *DUDEN online – Syntax*. http://www.duden.de/rechtschreibung/Syntax#Bedeutungb. Zugegriffen am 03.02.2016.
Gührs, M., & Nowak, C. (2014). *Das konstruktive Gespräch – Ein Leitfaden für Beratung, Unterricht und Mitarbeiterführung mit Konzepten der Transaktionsanalyse* (7. Aufl.). Meezen: Christa Limmer.
Haley, J. (1978). *Gemeinsamer Nenner Interaktion*. München: Pfeiffer.
Harris, T. H. (1994). *Ich bin o. k., Du bist o. k*. Reinbek: Rowohlt.
Keller, R., Knoblauch, H., & Reichertz, J. (2013). *Kommunikativer Konstruktivismus*. Wiesbaden: Springer.
Langer, I., Schulz von Thun, F., & Tausch, R. (1974). *Verständlichkeit in Schule, Verwaltung, Politik und Wissenschaft*. München/Basel: E. Reinhardt.
Langer, I., Schulz von Thun, F., & Tausch, R. (1981). *Sich verständlich ausdrücken* (2., völlig neubearb. Aufl.). München/Basel: E. Reinhardt.

Lubienetzki, U., & Schüler-Lubienetzki, H. (2016). *Was wir uns wie sagen und zeigen. Menschliche Kommunikation. Studienbrief der Hochschule Fresenius online plus GmbH.* Idstein: Hochschule Fresenius online plus GmbH.

Pons GmbH. (o.J.). Online-Wörterbuch – commūnicō ,commūnicāre' (communis). de.pons.com/übersetzung/latein-deutsch/communicare. Zugegriffen am 20.07.2020.

Schulz von Thun, F. (2013). *Miteinander Reden 1 – Störungen und Klärungen* (50. Aufl.). Reinbek: Rowohlt.

Shannon, C. E., & Weaver, W. (1972). *The mathematical theory of communication* (5. Aufl.). Urbana: Univ. of Illinois Press.

Watzlawick, P., Beavin, J. H., & Jackson, D. D. (1967/2011). *Menschliche Kommunikation – Formen, Störungen, Paradoxien (12. Aufl., 2011; Originalausgabe: Pragmatics of Human Communication.* New York: Norton, 1967). Bern: Huber.

Kommunikationsstile und -muster

Grundtypologien und -muster der Kommunikation

Inhaltsverzeichnis

Die Ausführungen in diesem Kapitel basieren auf folgendem Studienbrief: Lubienetzki, U. und Schüler-Lubienetzki, H. (2016). WAS WIR UNS WIE SAGEN UND ZEIGEN. MENSCHLICHE KOMMUNIKATION. Studienbrief der Hochschule Fresenius online plus GmbH. Idstein: Hochschule Fresenius online plus GmbH.

3

Kommunikation ist nichts Abstraktes. Jeder von uns erlebt sie jeden Tag. Zudem können wir sie jederzeit beobachten und nach beobachtbaren Mustern untersuchen. Auf diese Weise wurden bereits verschiedene Grundtypologien menschlicher Kommunikationsstile und spezifische Kommunikationsmuster identifiziert. Zur Untersuchung von Stilen und Mustern in der Kommunikation können wir unterschiedliche „Werkzeuge" einsetzen.

🗨 **Nach eingehender Lektüre dieses Kapitels können Sie ...**

— acht **Kommunikationsstile** nach Schulz von Thun (2008) differenzieren und identifizieren.
— **Teufelskreise** in der Kommunikation erkennen und erklären.
— die Rolle von **Werten und Prinzipien** in der Kommunikation erläutern und herausstellen, welchen Einfluss sie in übersteigerter Form auf die Kommunikation nehmen können.
— die Entstehung und Erscheinung von **Dramadreiecken** darlegen.

3.1 Acht Kommunikationsstile nach Schulz von Thun

Der Begriff *Kommunikationsstil* ist eng verknüpft mit der Arbeit von Schulz von Thun. Dabei handelt es sich um grundlegende Muster, die wir immer wieder in der menschlichen Kommunikation beobachten. Jeder Mensch ist individuell und kommuniziert individuell. Muster dienen dazu, Ähnlichkeiten in der Kommunikation herauszuarbeiten, um diese systematisch zu analysieren. Zu versuchen, Muster nach dem Geschlecht des Menschen zu unterscheiden, birgt aus unserer Sicht – um es hier vorwegzunehmen – die Gefahr, Klischees und Stereotypen abzubilden. Daher schließen wir uns Schulz von Thun an, der seine acht Kommunikationsstile nicht nach dem Geschlecht unterscheidet. So schreibt er: „Zwar gibt es Stile, die als ‚typisch weiblich' oder ‚typisch männlich' gelten, jedoch wollte ich, da ‚alles in jedem/r steckt', nicht zur Verfestigung solcher Klischees beitragen." (Schulz von Thun 2008, S. 15)

Schauen wir uns einmal kurz zusammengefasst die acht von Schulz von Thun herausgearbeiteten Kommunikationsstile an (siehe ◘ Abb. 3.1).

▷ **Wichtig**
Ausführliche Beschreibungen der Kommunikationsstile finden Sie im Buch „Miteinander reden 2 – Stile, Werte und Persönlichkeitsentwicklung" (Schulz von Thun 2008).

■ **Bedürftig-abhängiger Kommunikationsstil – „Ich kann das nicht, bitte hilf mir."**
Jeder Mensch fängt einmal klein an. Als Säugling ist er vollständig von seinen Eltern abhängig. Mit der Zeit entwickelt der Mensch sich immer weiter, lernt die vielen Dinge des täglichen Lebens, wird dabei immer selbstständiger und ist irgendwann in der Lage, selbst sein Überleben zu sichern. Auch im Leben eines Erwachsenen gibt es Phasen, in denen er umsorgt sein und behütet werden möchte.

Bedürftig-abhängiger Stil

Helfender Stil

Selbstloser Stil

Aggressiv-entwertender Stil

Sich beweisender Stil

Bestimmend-kontrollierender Stil

Sich distanzierender Stil

Mitteilungsfreudig-dramatisierender Stil

◘ **Abb. 3.1** Acht typische Kommunikationsstile nach Schulz von Thun. (Quelle: Schulz von Thun 2008)

Genauso gibt es Phasen, in denen der Mensch selbst handeln, sich selbst etwas beweisen und unabhängig von anderen Menschen sein möchte. Kleinkinder beispielsweise können in unbändige Wut geraten, wenn sie sich und anderen eine Fähigkeit zeigen wollen und diese zunächst misslingt. Der Mensch ist darauf programmiert, zu lernen, um in seiner Umwelt immer besser zurechtzukommen. Doch wenn wir ehrlich sind, ist es sicherlich für viele ab und zu auch als Erwachsener angenehm, so wie früher als Kind umsorgt zu werden.

Menschen, die den bedürftig-abhängigen Kommunikationsstil pflegen, versuchen, andere dazu zu bewegen, sie zu umsorgen und ihnen zu helfen. Manche Menschen setzen den Stil in ausgewählten Fällen ein, da sie gelernt haben, dass ihnen Menschen dann z. B. eine unangenehme Aufgabe abnehmen. Sitzt das Hilfsbedürfnis tiefer, hat der Mensch gar die Grundhaltung „Ich bin nicht o. k." oder es stecken womöglich Glaubenssätze dahinter, die lauten könnten: „Ich mache alles falsch. Ich kann nichts allein." So wird der bedürftig-abhängige Stil zum hauptsächlichen Kommunikationsstil.

Begegnen wir einem solchen Menschen, führen sein trauriger Blick, seine hilfesuchenden Gesten, sein gelegentliches Seufzen und seine durchaus deutlich vorgetragenen Bitten dazu, dass wir das Gefühl bekommen, dieser Mensch muss gerettet werden. Seine Nachrichten werden durchgängig mit der Grundbotschaft „Ich kann das nicht. Bitte hilf mir." aufgeladen. Auf der sachinhaltlichen Ebene werden Bitten und Appelle explizit formuliert. Selbstoffenbarungs- und Appellseite drücken unmissverständlich aus, dass dringend Hilfe erforderlich ist. Sowohl verbal als auch nonverbal wird die Bedürftigkeitsbotschaft gesendet. Die Beziehungsseite ist besonders interessant, drückt sie doch aus: „Ich bin klein und schwach und Du bist stark und kompetent." Ein solches Beziehungsangebot kann sehr verführerisch für andere Menschen sein. Wer möchte nicht stark und kompetent sein? Schluckt der oder die andere diesen Köder, ist das Ziel des oder der Hilfesuchenden erreicht. Gerade Menschen, die sich als Retter oder Helfer erleben möchten, passen perfekt zu dem bedürftig-abhängigen Kommunikationsstil. Sie zeigen gerade das komplementäre Verhalten und warten nur darauf, von anderen um Hilfe gebeten zu werden. Schauen wir uns das einmal beim nächsten Kommunikationsstil an.

3

- **Helfender Kommunikationsstil – „Ich mache das schon (für Dich)."**

Wie gesagt: Der helfende Kommunikationsstil passt in besonderer Weise zum zuvor betrachteten bedürftig-abhängigen Kommunikationsstil. Menschen, die in diesem Stil bevorzugt kommunizieren, möchten sich stark und unabhängig fühlen. Drückt der helfende Kommunikationsstil doch aus: „Keine Angst, ich kann und mache das. Hilfe benötige ich nicht." Gleichzeitig enthält dieser Kommunikationsstil auch einen Anteil, der eine gewisse Überlegenheit anderen gegenüber ausdrückt. Der Helfer widmet sich anderen quasi „von oben herab" und nicht auf Augenhöhe. Hieraus resultiert die besondere Empfänglichkeit für den bedürftig-abhängigen Stil, da dieser den anderen Menschen klein macht, so dass dieser hochschauen muss.

Der helfende Kommunikationsstil offenbart ein Selbst, das Stärke und Belastbarkeit ausdrückt. „Ich mache das schon (für Dich)." oder „Ich nehme das (für Dich) in die Hand." können solche, von oben herab, helfenden Botschaften sein. Auf der Appellseite werden vorrangig Empfehlungen gesendet, eigene Wünsche scheinen nicht zu existieren. Die eigene Bedürftigkeit wird vom Helfer unterdrückt, z. B. weil im Inneren eine tiefe Angst davor verankert ist, diese anderen Menschen zu zeigen und als schwach zu erscheinen. Die Beziehungsseite ist auch in diesem Fall besonders interessant, steckt doch die Grundbotschaft in diesem Kommunikationsstil, dass anderen deswegen geholfen wird, weil der Helfer sich überlegen fühlt. Gegenüber einem hilfsbedürftig-abhängig kommunizierenden Menschen funktioniert das alles sehr gut. Anders ist es jedoch, wenn der oder die andere keine Hilfe möchte bzw. nicht gerettet werden will. Kommunizieren gar beide im helfenden Stil, also symmetrisch, kann die Begegnung in dem gegenseitigen Versuch, sich in seiner jeweiligen Überlegenheit und Unabhängigkeit zu übertrumpfen, eskalieren.

- **Selbstloser Kommunikationsstil – „Das war nur Zufall …"**

Auch Menschen, die im selbstlosen Stil kommunizieren, haben den Drang, anderen Menschen zu helfen. Ein entscheidender Unterschied zum helfenden Kommunikationsstil besteht jedoch darin, dass der im selbstlosen Stil kommunizierende Mensch sich klein macht. Ein solcher Mensch fühlt sich unwichtig und denkt, er sei nichts wert. Indem er sich für andere aufopfert, erlangt ein solcher Mensch ein Gefühl von eigener Nützlichkeit. Das Gefühl der eigenen Unwichtigkeit und Wertlosigkeit geht so weit, dass Botschaften, die das Gegenteil bedeuten, abgewehrt werden müssen. Für sie ist Lob und Anerkennung der eigenen Leistung kaum zu ertragen und muss umgehend entwertet werden. „Das war nichts …", „Das war nur Zufall/Glück …" oder auch „Ich weiß, sonst bin ich/ist es anders." sind solche Sätze, mit denen der oder die Selbstlose versucht, das persönliche Weltbild wieder zurechtzurücken.

Entsprechend sendet ein Mensch im selbstlosen Stil als Selbstoffenbarung die Botschaft „Ich bin nichts (wert)." und appelliert „Sag mir bitte, wie Du mich haben willst." Auf der Beziehungsebene wird anderen signalisiert, dass ausschließlich sie von Bedeutung sind und ihre Bedürfnisse diejenigen sind, die zählen. Menschen, die sich überlegen fühlen möchten, nehmen ein solches Beziehungsangebot bereitwillig an. Der Stil kann aber auch Verachtung bei anderen Menschen auslösen, wenn diese eigentlich das Bedürfnis haben, auf Augenhöhe zu kommunizieren und dies durch den selbstlosen Stil des Kommunikationspartners verhindert wird. Ein im aggressiv-entwertenden Kommunikationsstil kommunizierender Mensch, kann sich sogar dazu hinreißen lassen, den sich selbst erniedrigenden Menschen noch weiter zu erniedrigen.

- **Aggressiv-entwertender Kommunikationsstil – „Angriff ist die beste Verteidigung."**

Menschen im aggressiv-entwertenden Stil handeln von oben herab und haben das Bedürfnis, andere Menschen klein zu machen und klein zu halten. Hierdurch erscheinen sie vor sich selbst größer. Sie weisen mit erhobenem Finger Schuld zu, sind misstrauisch und feindselig ihrer Umgebung gegenüber. Sie legen es darauf an, bei anderen das berühmte „Haar in der Suppe" zu finden und dieses mit innerer Genugtuung anzuprangern. Für den aggressiv-entwertenden Stil gilt der Grundsatz „Angriff ist die beste Verteidigung". Die Erniedrigung und Unterdrückung des anderen Menschen erfüllt einen wichtigen Zweck. Es ist sozusagen ein Schutzschild, mit dem das verletzliche Innere abgeblockt wird. Lauert in der Umwelt und bei jedem Menschen Gefahr verletzt zu werden, so blockt der Aggressiv-entwertende andere Menschen von vornherein brachial ab. Menschen fühlen sich von ihm angegriffen und reagieren ihrerseits zurückhaltend und kalt oder sogar gleichsam aggressiv. Dieses Verhalten bestätigt wiederum das eigene Misstrauen und das Bedürfnis, einer persönlichen Verletzung durch das eigene offensive Verhalten zuvorzukommen.

Die Botschaften sind glasklar. Auf der Selbstoffenbarungsseite wird verbal und nonverbal gesendet, dass die aggressiv-entwertende Person überlegen und unbesiegbar ist. Auf der Appellseite wird erwartet, dass der andere sich unterwirft und die eigene Überlegenheit anerkennt. In dieser Erwartung drückt die Beziehungsseite aus, wie der andere ist oder sein soll, nämlich klein, erbärmlich, an allem Schuld und nichts wert. Treffen zwei Menschen im aggressiv-entwertenden Kommunikationsstil aufeinander, entbrennt ein eskalierender Machtkampf. Dieser muss sich nicht in körperlicher Gewalt äußern. Die gegenseitigen Kränkungen, die nonverbal und zwischen den Zeilen ausgetauscht werden, führen zwar nicht dazu, dass blutende Wunden entstehen, die seelischen Wunden sind jedoch ähnlich schmerzhaft. Da keiner von beiden klein beigeben kann, ohne seine Niederlage anzuerkennen, eskalieren solche Begegnungen häufig so weit, dass nur von außen, beispielsweise im Unternehmenskontext durch eine gemeinsame Führungskraft, ein „Machtwort" gesprochen wird.

- **Sich beweisender Kommunikationsstil – „Schau mal, was ich alles kann!"**

Für manche Menschen ist jeder andere Mensch oder zumindest jeder wenig vertraute Mensch ein Richter oder Rivale. Da dieser sein Urteil fällt, muss zu jedem Zeitpunkt und immer wieder der Beweis angetreten werden, ohne Fehler und Makel zu sein. Quasi als Beweise, dass der Mensch gut und liebenswert ist, werden immer wieder die eigenen „Heldentaten" und das, was eine Person schon alles erreicht hat, hervorgehoben. Dies muss nicht explizit geschehen, sondern kann auch unter dem Deckmantel des beiläufig Erwähnten erfolgen. Beispielsweise hat diese

3

Person zufällig wichtige Menschen getroffen und sich mit ihnen angeregt ausgetauscht, hat etwas verfasst, was sogar mehrfach zitiert wurde, oder eine Person ist in unzähligen wichtigen Gremien und Räten vertreten. In der Kommunikation geht es um die eigene Wichtigkeit und darum, dass das Gesagte die Anerkennung des Kommunikationspartners verdient – der Aufhänger ist eher nebensächlich. Die unsichere und nach eigener Meinung wenig liebenswerte Seite bleibt dabei tief im Inneren verborgen.

Die Selbstoffenbarung sprüht nur so vor Hinweisen der eigenen Fehlerfreiheit und Makellosigkeit. Die Appellseite ist ebenso klar: „Gib mir Deine Anerkennung!" Auf der Beziehungsebene wird die Botschaft gesendet, dass der oder die andere sich ein Urteil über einen selbst bilden wird. Die Haltung ist zu vergleichen mit einem Richter, der von oben herab sein Urteil spricht, oder einem Rivalen, der mit einem konkurriert. Der Drang, perfekt zu erscheinen und so auch beurteilt zu werden, setzt die sich Beweisende oder den sich Beweisenden unter erheblichen Druck, der in Erfolgssituationen zeitweise nachlässt. Die Zweifel an sich selbst bleiben jedoch, so dass wenig später erneut der Beweis angetreten werden muss.

- **Bestimmend-kontrollierender Kommunikationsstil – „Dieses ist erlaubt und jenes ist verboten."**

Einer tief verwurzelten Angst vor Chaos, Veränderungen und dem Unbekannten an sich begegnen Menschen mit einem bestimmend-kontrollierenden Kommunikationsstil. Mit ihren für andere Menschen als zwanghaft erscheinenden Regeln, Normen und Prinzipien schützen sich diese Menschen vor dem als quälend empfundenen Gefühl des Kontrollverlustes. So wird akribisch geplant, der Tagesablauf genau festgelegt oder es werden Rituale entwickelt und pedantisch eingehalten. Andere Menschen werden zum Quell von Unberechenbarkeit und Veränderung. Um diesen Gefahren zu begegnen, wird anderen genau mitgeteilt, wie etwas richtig geht und noch mehr, wie diese richtig sind. Andere Menschen nah an sich heranzulassen birgt das Risiko, von diesen verletzt zu werden. So gibt der Mensch möglichst wenig von sich selbst und seinem Inneren Preis. Aus Ich-Botschaften, die etwas über eine Person selbst verraten, werden die besagten Regeln und Normen, die quasi von einer höheren Ordnung den Menschen vorgegeben werden. So heißt es in Richtung eines anderen Menschen in der U-Bahn im bestimmend-kontrollierenden Stil „In der U-Bahn ist laute Musik verboten." anstatt sich selbst zu offenbaren mit „Ihre laute Musik im Kopfhörer stört mich. Bitte machen Sie diese etwas leiser." Die zentrale Selbstoffenbarungsbotschaft im bestimmend-kontrollierenden Stil lautet „Ich weiß, was jetzt und hier richtig ist." Entsprechend unpersönlich ist die Appellseite, die angefüllt ist mit Botschaften, wie etwas falsch oder richtig ist. Auf der Beziehungsebene werden Kommunikationspartner/-innen mehr oder weniger entmündigt, da diese ständig in Gefahr sind, etwas falsch zu machen und ihnen daher alles genauestens erklärt werden muss.

- **Sich distanzierender Kommunikationsstil – „Bleib' auf Abstand."**

Andere Menschen auf Abstand zu halten, ist das Grundbedürfnis des im distanzierenden Stil kommunizierenden Menschen. Der gebührende Sicherheitsabstand zu anderen Menschen muss immer und in jeder Situation gewahrt bleiben. Eine

Aura von Unnahbarkeit und (Gefühls-)Kälte umgibt einen solchen Menschen. An solche Menschen heranzukommen oder gar ein Gefühl von Sympathie zu erleben, scheint unmöglich. Der sich distanzierende Mensch ist in allen Belangen sachlich und erwachsen. Gefühlswallungen anderer Menschen werden analysiert und schließlich erklärt. Ein solches Maß an Zuwendung muss genügen und sollte nach Meinung des sich distanzierenden Menschen Trost genug sein. Das einzige, was zählt, sind die Fakten. Diese werden aufgezählt und ausgewertet, damit rationale Entscheidungen abgeleitet werden können.

Die Selbstoffenbarungsseite drückt aus, dass es den anderen nichts angeht, wie es mir geht und was in mir vor sich geht. Genauer gesagt, lautet die Botschaft: „Es geht nichts in mir vor." „Bleib auf Abstand!", lautet der klare Appell, der durch allerlei nonverbale Signale vorgebracht wird. Ein arroganter Seitenblick, eine erhobene Nase und ein mildes, aber abwertendes Lächeln sprechen in diesem Zusammenhang Bände. Die Beziehungsbotschaft zielt darauf ab, die als viel zu groß empfundene Emotionalität der anderen anzuprangern und nicht zuzulassen. Richtig streiten, dass die Fetzen fliegen, funktioniert im sich distanzierenden Stil überhaupt nicht. Schon der Versuch von streitlustigem Widerstand wird als unsachlich und kindisch abgetan. In überlegener Pose zieht der sich Distanzierende zurück und bringt solange Abstand zwischen sich und den anderen, bis dieser sich nach seiner Definition wieder wie ein Erwachsener benimmt.

- **Mitteilungsfreudig-dramatisierender Kommunikationsstil – „Aufmerksamkeit um jeden Preis."**

Mitteilungsfreudig-dramatisierende Menschen sind sehr kontaktfreudig, benötigen sie doch ihr Publikum, um im Mittelpunkt zu stehen und aller Welt alles Mögliche über sich mitzuteilen. „Aufmerksamkeit um jeden Preis" könnte das Motto lauten. Für andere Menschen kann das Erlebnis, mit einem solchen Menschen zu sprechen, sehr unterhaltsam sein. Legt es dieser doch gerade darauf an, beachtet zu werden und rückgemeldet zu bekommen, dass er wahrgenommen und beachtet wird. Selbstkundgabe und Selbstoffenbarung stehen im Mittelpunkt dieses Kommunikationsstils. Für den Partner bedeutet dieses vor allen Dingen, das Sammelsurium an Botschaften aufzunehmen und zurück zu spiegeln, wie überaus interessant das alles für ihn ist. Natürlich könnte der Detailreichtum auch intimster Geschichten Nähe ausdrücken. Doch kann sich recht bald ein Gefühl einstellen, dass es eigentlich egal ist, wer dem mitteilungsfreudig-dramatisierenden Menschen zuhört. Auch stellt sich die Frage, zu wem dieser eigentlich spricht. Liegt doch seinem extrovertierten Verhalten der Wunsch zugrunde, sich selbst zu spüren, indem anderen über sich selbst berichtet wird. Je besonderer und ungewöhnlicher die jeweilige Geschichte für den oder die Zuhörer ist, desto mehr kann sich das Gefühl beim Sprecher einstellen, dass er wahrgenommen wird und wirklich da ist.

Wie gesagt: Die Selbstoffenbarungsseite ist weit geöffnet und so ziemlich alles wird unreflektiert preisgegeben. Das Ziel besteht darin, das Publikum zu begeistern. Der gleichzeitige Appell lautet: „Hör mir zu und bestätige mich bzw. bestätige meine Selbstdarstellung!" Die Beziehungsseite ist doppelbödig. Einerseits ist die andere Person wirklich wichtig für die oder den mitteilungsfreudig Dramatisierende/-n. Leider resultiert die Wichtigkeit nicht aus der Person, die austauschbar ist.

Der oder die Andere sind wichtig als Publikum, als Zuhörer an sich. Das beste Publikum signalisiert, als wie rauschend und wie besonders das Leben der anderen Person wahrgenommen wird. Auch das andere Extrem kann bedient werden. Der ausgiebige Bericht über eigene Schicksalsschläge oder andere bedrohliche Entwicklungen wie Krankheiten übt oft eine ähnliche Faszination aus wie Erfolgsstorys.

3

> ❓ **Reflexionsaufgabe: Persönliche Erfahrungen mit Kommunikationsstilen**
> Betrachten Sie bitte Ihre letzten fünf Gesprächssituationen. In welchem Stil haben Sie kommuniziert und wie haben die Menschen kommuniziert, mit denen Sie gesprochen haben? Lässt sich für Sie oder auch für die anderen Menschen ein Muster im Kommunikationsstil erkennen?

3.2 Werkzeuge und Instrumente zur Untersuchung von Kommunikation

Wir haben mittlerweile viel Grundlegendes über menschliche Kommunikation erfahren. Das Leben bietet eine unendliche Fülle von Begegnungen mit anderen Menschen, die – wie wir immer wieder betonen – auch mit Kommunikation einhergehen. Die Einteilung in Kommunikationsstile und deren Untersuchung mittels der vier Seiten einer Nachricht ist ein wichtiges Werkzeug (Werkzeugkasten), um konkrete Kommunikationssituationen zu untersuchen.

> **Werkzeugkasten**
> Im Folgenden möchten wir Ihnen weitere Werkzeuge und Instrumente darstellen, mit denen Kommunikation tiefergehend analysiert werden kann:
> - (Teufels-)Kreise in der Kommunikation
> - Das Werte- und Entwicklungsquadrat
> - Das Dramadreieck
>
> Verstehen Sie dieses Kapitel als **Werkzeugkasten**. Sie können mithilfe dieser Werkzeuge und Instrumente Kommunikation und auch Kommunikationsstörungen analysieren und untersuchen. Zusätzlich eröffnen diese die Möglichkeit, Ihre eigene Kommunikation zielgerichtet anzupassen.

3.2.1 (Teufels-)Kreise in der Kommunikation

Kommunikation ist kreisförmig. Es gibt weder einen Anfangspunkt noch einen Endpunkt. Der Mensch nimmt das auf, was er von anderen Menschen empfängt und verarbeitet das Empfangene. Dann reagiert der Mensch und der andere Mensch ist an der Reihe (Watzlawick et al. 1967/2011; Schulz von Thun 2013). Zur Verdeutlichung der Abläufe verwendet Schulz von Thun ein Kreislaufschema aus der Systemtherapie (Thomann und Schulz von Thun 2005).

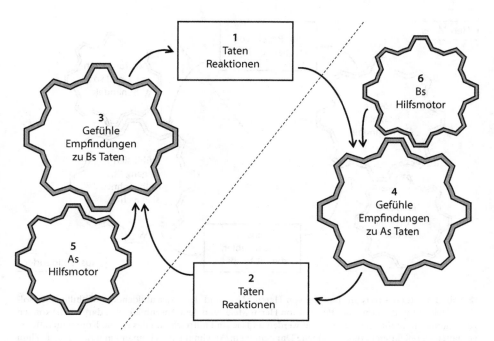

■ **Abb. 3.2** Zwischenmenschliches Kreislaufschema („Teufelskreis"). Die Abbildung zeigt einen Kreislauf der Kommunikation zwischen zwei Personen A und B. Äußerungen einer Gesprächspartnerin/eines Gesprächspartners (Taten/Reaktionen) aktivieren Gefühle und Empfindungen bei der anderen Gesprächspartnerin/bei dem anderen Gesprächspartner, die/der wiederum mit Taten und Reaktionen antwortet und damit ihrer-/seinerseits Gefühle und Empfindungen bei Person A auslöst. (Quelle: eigene Darstellung in Anlehnung an Thomann und Schulz von Thun 2005, S. 327)

Setzen wir zur Erläuterung des Schemas in ■ Abb. 3.2 den Beginn des Kommunikationsprozesses bei Person A. Person A äußert sich mit Taten oder Reaktionen (1), Person B reagiert innerlich mit Gefühlen und Empfindungen auf das von Person A Geäußerte (4) und äußert sich ihrerseits (2), Person A reagiert innerlich auf das von Person B Geäußerte (3) und äußert sich wiederum (1) usw. Oft gibt es auf beiden Seiten sogenannte **Hilfsmotoren** (5 und 6), die die Gefühle und Empfindungen zusätzlich verschärfen. Beobachtbar für beide sind nur die jeweiligen Äußerungen (2 und 4); das, was im Inneren der einen Person passiert, bleibt der anderen Person verborgen.

▶ **Fallbeispiel**

Betrachten wir wieder ein Beispiel aus dem Arbeitsalltag. Herr Meier – Sie haben ihn bereits in einem vorangehenden Beispiel kennengelernt – verhält sich meistens rigide, unnachgiebig und kontrollierend gegenüber einem Auszubildenden. Er wirft ihm häufiger vor, er sei unpünktlich und mache ständig Fehler. Diese Interaktion zwischen Herrn Meier und dem Auszubildenden ist für beide und auch für einen Außenstehenden beobachtbar. Innerlich fühlt sich der Auszubildende unmündig und gegängelt. Alles, was er tut, wird sowieso von Herrn Meier kontrolliert und kritisiert. Warum sollte er sich Mühe geben? Nun zum Inneren von Herrn Meier: Herr Meier möchte respektiert wer-

3

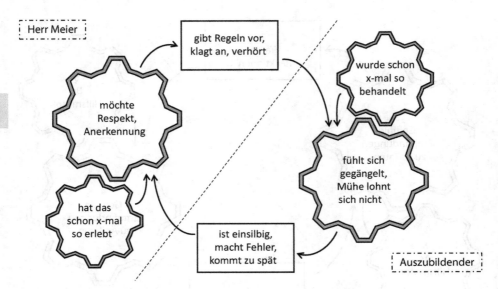

🔲 **Abb. 3.3** Teufelskreis am Beispiel von Herrn Meier und dem Auszubildenden. Mithilfe eines solchen Kreislaufmodells (hier am Beispiel von Herrn Meier und dem Auszubildenden dargestellt) können Kommunikationsstörungen untersucht werden und sie sind hilfreich, um das eigene Kommunikationsverhalten zu reflektieren. (Quelle: eigene Darstellung in Anlehnung an Thomann und Schulz von Thun 2005, S. 327)

> den und persönlich, insbesondere vor seinem Geschäftsführer, gut aussehen. Daher tritt er autoritär auf und kontrolliert seine Mitarbeiter/-innen akribisch. Verstärkend wirkt, dass sowohl Herr Meier als auch der Auszubildende bereits häufiger aneinandergeraten sind. Alles in allem ein klassischer Teufelskreis (siehe 🔲 Abb. 3.3). ◄

Das vorangehende Beispiel zeigt, dass es nicht sinnvoll ist, Kommunikation in Kategorien wie „bösartig", „krank" oder „unreif" einzuteilen. Das kommunikative System ist in dem Beispiel sehr stabil und die Beteiligten verhalten sich vor dem Hintergrund ihrer jeweiligen Wirklichkeit nachvollziehbar. So lohnt es sich bei Störungen der Kommunikation, beispielsweise bei Konflikten, nach solchen Konstellationen zu suchen. Werden diese sichtbar gemacht (z. B. in frühen Konfliktphasen durch Einsatz eines Moderators), besteht die Chance, sie zu lösen (Schulz von Thun 2008).

Wenn Kommunikation zyklisch ist, stellt sich dann nicht die Frage, inwieweit der angesprochene Mensch selbst mitgeholfen hat, einen kommunikativen Köder auf den Haken zu stecken? Schauen wir uns dazu – in Anlehnung an Schulz von Thun – noch einmal einige Kommunikationsstile näher an (Schulz von Thun 2008). Nehmen wir einen Menschen, der sich stärker und überlegener fühlen möchte. Wird dieser im bedürftig-abhängigen Stil angesprochen, wird bei ihm das Gefühl der Überlegenheit gestärkt. Er könnte daraufhin die offensichtlich für die andere Person nicht zu bewältigende Aufgabe übernehmen. Er sagt und denkt: „Ich mache das schon!". Der andere fühlt sich in seiner Hilfsbedürftigkeit bestätigt und sendet weiter seine Grundbotschaft: „Ich kann das nicht. Bitte hilf mir!", wodurch der Kreis geschlossen wird.

Ein anderer Mensch könnte das Bedürfnis haben, sich abzugrenzen und dem anderen, offensichtlich Hilfsbedürftigen, nicht einmal den „kleinen Finger zu reichen". Er fühlt sich belästigt und befürchtet, ausgenutzt zu werden. Er wird jede Unterstützung ablehnen und sagen: „Lass mich in Ruhe. Mach das selbst.". Der andere fühlt sich daraufhin alleingelassen und nicht geliebt, einfach erbärmlich. Er wird seine Anstrengungen, Hilfe zu erhalten, verstärken, weiter bohren und um Hilfe bitten bzw. betteln. Damit schließt sich auch dieser Kreis.

Wie sieht das Ganze beim helfenden Kommunikationsstil aus? Ein Mensch möchte sich unabhängig und überlegen fühlen. Daher bietet er nachdrücklich anderen Menschen seinen Rat und seine Hilfe an. Fühlt sich der angesprochene Mensch bereits hilfsbedürftig, so wird dieses Gefühl bestätigt und er nimmt die Hilfe bereitwillig an. Damit schließt sich der Kreis.

Die Interaktion von bedürftig-abhängigen und helfendem Kommunikationsstil kann sich auch in eine andere Richtung entwickeln. Das Gefühl der Abhängigkeit beim hilfsbedürftigen Menschen kann ergänzt werden durch ein Gefühl der Demütigung (der Helfer oder die Helferin weiß und kann alles besser und zeigt das auch), was in Trotz münden kann. In diesem Fall kann signalisiert werden, dass alle Ratschläge und Hilfsangebote dankbar angenommen werden, aber nichts nützen. Der Helfer oder die Helferin fühlt sich immer frustrierter, was in immer neuen und immer gereizter vorgetragenen Ratschlägen mündet. Die gereizten Ratschläge werden immer wieder mit einer trotzigen Reaktion beantwortet, getreu dem Motto „Ich benötige zwar Hilfe und schaffe das alles nicht alleine. Dafür beweise ich Dir aber, dass Du es auch nicht besser weißt und mir auch nicht helfen kannst."

Eine sehr stabile Interaktion entsteht, wenn der im selbstlosen Stil Kommunizierende auf einen Menschen trifft, der sich überlegen und erhaben fühlen möchte. Das geduckte Auftreten des Selbstlosen sendet genau diese Botschaft („Ich bin kleiner als Du. Bitte lass mich zu Dir aufschauen."), die der Überlegene hören und spüren möchte. Er zeigt sich von seiner wohlwollenden Seite, so dass sich der Selbstlose bestätigt erlebt und damit sicher fühlt. Diese Sicherheit möchte er um jeden Preis behalten und macht sich weiter klein. Solange der überlegene Partner bereit ist, mit einem Menschen, den er nicht als gleichwertig erlebt, zu interagieren, bleibt das System stabil. Beginnt sich dieser aber, nach einem gleichwertigen Partner zu sehnen, kann er ein Gefühl von Verachtung entwickeln. Das äußert sich darin, dass er den sich selbst klein machenden Menschen noch weiter erniedrigt. Der wiederum fühlt sich in seiner eigenen Nichtigkeit bestätigt und duckt sich weiter. Weil dies für ihn schwer zu ertragen ist, signalisiert er gleichzeitig seine moralische Überlegenheit, da er, obwohl er sich bereits „im Staube wälzt", dennoch getreten wird. Diese Botschaft kann bei sich überlegen Fühlenden Wut oder sogar Ekel auslösen, was sich in weiteren Erniedrigungen äußert – ein wahrer eskalierender Teufelskreis. Auch hier sehen wir, dass Begriffspaare wie „schuldig – unschuldig" oder auch „richtig – falsch" nicht eindeutig den Beteiligten zuzuordnen sind. Beide haben ihre Anteile und ziehen einen gewissen persönlichen Nutzen aus der Interaktion.

❓ Reflexionsaufgabe: Meinen Teufelskreis durchbrechen
Wenn Sie mit dem Wissen über Teufelskreise in der Kommunikation über sich und andere Menschen in Ihrem Leben nachdenken, fallen Ihnen solche Teufelskreise ein? Bitte zeichnen Sie den Teufelskreis in der dargestellten Form auf. Wie könnte der Teufelskreis durchbrochen werden?

3.2.2 Werte- und Entwicklungsquadrat

In Anlehnung an das „Wertequadrat" von Paul Helwig (1965, S. 65) hat Schulz von Thun ein Werte- und Entwicklungsquadrat entwickelt (Schulz von Thun 2008) (siehe ◘ Abb. 3.4). Diesem Modell liegt die Prämisse zugrunde, dass ein Wert nur dann seine positive Wirkung entfalten kann, wenn er in einem positiven Spannungsverhältnis zu seinem positiven Gegenwert steht. „Sparsamkeit und Großzügigkeit" oder „Vertrauen und Vorsicht" sind Beispiele für solche Paare. Ist ein solches positives Spannungsverhältnis nicht gegeben (z. B. ein Mensch, der ausschließlich sparsam ist oder allem und jedem Vertrauen schenkt), entarten die Werte zu ihren entwertenden Übertreibungen. Aus Sparsamkeit wird Geiz und aus Vertrauen wird naive Vertrauensseligkeit (siehe ◘ Abb. 3.5). Gleiches würde im umgekehrten Fall beim positiven Gegenwert entstehen. Die entwertenden Übertreibungen für Großzügigkeit und Vorsicht wären Verschwendung bzw. paranoides Misstrauen. Die Beziehung zwischen einem Wert und der entwertenden Übertreibung seines positiven Gegenwertes wird als konträrer Gegensatz bezeichnet (Helwig 1965; Schulz von Thun 2008).

Mit diesem Modell eröffnet sich die Möglichkeit, entwertende Übertreibungen nicht als etwas Schlechtes oder sogar Krankes wahrzunehmen, sondern diese auf ihren positiven Ausgangswert zurückzuführen. Mit dem positiven Gegenwert kann dann darauf hingearbeitet werden, ein positives Spannungsverhältnis herzustellen. Die Gefahr ist in solchen Konstellationen groß, dass nicht an dem positiven Gegenwert, sondern an der entwertenden Übertreibung des positiven Gegenwertes

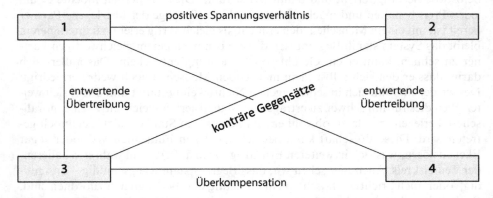

◘ **Abb. 3.4** Werte- und Entwicklungsquadrat. Mithilfe des Werte- und Entwicklungsquadrats untersucht Schulz von Thun die von ihm beschriebenen Kommunikationsstile (siehe ▶ Abschn. 3.1) näher. (Quelle: eigene Darstellung in Anlehnung an Schulz von Thun 2008, S. 39)

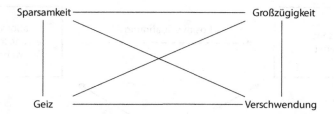

□ **Abb. 3.5** Werte- und Entwicklungsquadrat zu „Sparsamkeit – Großzügigkeit". In dem Beispiel stehen die Werte Sparsamkeit und Großzügigkeit in einem positiven Spannungsverhältnis. Die entwertenden Übertreibungen zu diesen Werten sind Geiz und Verschwendung. Anders ausgedrückt: übertriebene Sparsamkeit führt zu Geiz und übertriebene Großzügigkeit zu Verschwendung. Ist ein Mensch übertrieben sparsam, also geizig, so läge die sinnvolle Entwicklungsrichtung in der Diagonalen, d. h. hin zu einem Mehr an Großzügigkeit. Der geizige Anteil würde bei dieser Entwicklungsrichtung zwangsläufig kleiner und würde sich somit hin zur Sparsamkeit entwickeln. Es bestünde somit die Chance, dass sich das positive Spannungsverhältnis zwischen Sparsamkeit und Großzügigkeit wieder einstellt. (Quelle: eigene Darstellung in Anlehnung an Schulz von Thun 2008, S. 39)

gearbeitet wird. So könnte ein entwertender Gegenwert in einem anderen entwertenden Gegenwert überkompensiert werden. Um das zuvor genannte Beispiel aufzugreifen: Ist ein Mensch geizig, wäre es nicht zielführend, zukünftig verschwenderisch mit Geld umzugehen. Zielführend wäre hingegen, sich die darüber liegenden positiven Werte zu verdeutlichen. So besteht die Chance, zukünftig großzügiger zu sein, aber nicht den positiven Ausgangswert von Geiz – die Sparsamkeit – zu vernachlässigen.

In seinem Buch „Miteinander Reden 2" zeigt Schulz von Thun weitere wichtige Werte- und Entwicklungsquadrate auf (Schulz von Thun 2008).

? **Reflexionsaufgabe: Werte- und Entwicklungsquadrate in politischen Talkshows**
Bitte schauen Sie sich die nächste politische Talkshow unter der Fragestellung an, welche entwertenden Übertreibungen die Teilnehmerinnen und Teilnehmer (vorzugsweise von unterschiedlichen politischen Flügeln) einander entgegenhalten. Welche Werte stehen darüber in einem positiven Spannungsverhältnis?

▶ **Beispiel: Werte- und Entwicklungsquadrate in der Flüchtlingsdiskussion**

In Diskussionen führen solche Konstellationen häufig bewusst oder unbewusst zur Polarisierung der Positionen der Gesprächspartner. Nehmen wir die aktuelle Diskussion zur Aufnahme von Flüchtlingen in Deutschland im Zeitraum kurz vor der Entstehung des vorliegenden Buches im Jahr 2016. Ein Vorwurfspaar, das in Diskussionen unterschiedlicher Lager immer wieder auftaucht, lässt sich wie folgt charakterisieren: Das eine Lager sei **naiv altruistisch** und **ließe sich ausnutzen**, das andere Lager dagegen sei **kaltherzig egoistisch** und **unnachgiebig** gegenüber der Bedürftigkeit der Menschen. Die Lager streiten auf der Ebene der entwertenden Übertreibung. Dieser Streit wird voraussichtlich zu keiner einvernehmlichen Lösung führen können, es sei denn, eine Machtinstanz legt fest, wie es gemacht werden soll. Sehen wir uns diese Paarung im

3

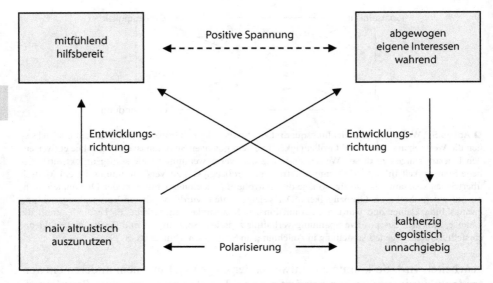

□ **Abb. 3.6** Werte- und Entwicklungsquadrat zum Beispiel „Flüchtlingsdiskussion". Die jeweilige Entwicklungsrichtung der beiden Lager liegt auf der jeweiligen Diagonalen. Die Zielsetzung ist dabei das positive Spannungsverhältnis der Werte „mitfühlend, hilfsbereit" und „abgewogen, eigene Interessen wahrend". (Quelle: eigene Darstellung in Anlehnung an Schulz von Thun 2008)

Werte- und Entwicklungsquadrat an, so wäre ein positiver Wert zum naiven Altruismus die „mitfühlende Hilfsbereitschaft" und zum kaltherzigen Egoismus wäre es die „abgewogene Wahrung eigener Interessen". Auf dieser Basis – natürlich ohne Garantie für Erfolg – könnte die Kompromisslinie ausgelotet werden, dass das eine Lager seine Hilfsbereitschaft behält, aber auch eigene Interessen formuliert und wahrt, und das andere Lager zukünftig seine eigenen Interessen abgewogen wahrt und seine mitfühlende und hilfsbereite Seite aktiviert (□ Abb. 3.6). ◄

❯ Wichtig
Wir sind uns bewusst, dass die Realität komplexer ist und sich nicht nur auf die genannten Begriffspaare reduzieren lässt. Betrachten Sie das Beispiel bitte als einen Ansatz, von dem aus vielleicht eine sachlichere und weniger polarisierte Diskussion möglich wird.

Betrachten wir in Anlehnung an Schulz von Thun einige Kommunikationsstile mithilfe des Werte- und Entwicklungsquadrats (Schulz von Thun 2008). Der im bedürftig-abhängigen Stil kommunizierende Mensch leugnet die eigene Fähigkeit, sich selbst zu helfen, in übertriebenem Maße. Aber kein Mensch kann immer und in jeder Situation ohne die Hilfe anderer auskommen. Daher wäre ein positiver Wert bzw. dessen nicht übertriebene Ausprägung, sich darüber bewusst zu sein, dass auch ich bedürftig bin und Schwäche zeigen darf. Der positive Gegenwert wäre, sich darüber bewusst zu sein, dass ich selbst handlungsfähig und für mich verantwortlich bin. Die Entwicklung in Richtung dieses positiven Gegenwertes könnte das positive Spannungsverhältnis zwischen „um Hilfe bitten und diese anzunehmen" sowie „selbstverantwortlich handeln" herstellen. Keine sinnvolle Option wäre es, an die Stelle der vollständigen Leugnung der eigenen Handlungsfähigkeit die vollständige Leugnung der eigenen Hilfsbedürftigkeit zu setzen.

Ein Mensch, der die eigene Bedürftigkeit konsequent verleugnet (wie im helfenden Kommunikationsstil), übertreibt den eigentlich positiven Wert von „Autonomie" und „Verantwortung" für das eigene Leben. Der positive Gegenwert zu „Autonomie" und „Verantwortung" wäre „das bewusste Zulassen eigener Schwächen und Bedürftigkeit". In dieser Konstellation kann eine positive Spannung entstehen, in der der Mensch im Rahmen seiner Möglichkeiten zwar autonom denkt und handelt, sich aber seiner bedürftigen Seiten bewusst ist und dort Hilfe zulässt.

? **Reflexionsaufgabe: Erstellung von Werte- und Entwicklungsquadraten**
Bitte entwickeln Sie beispielhaft für weitere Kommunikationsstile Werte- und Entwicklungsquadrate.

3.2.3 Das Dramadreieck

In ▶ Abschn. 2.4 haben wir uns mit der Transaktionsanalyse nach Eric Berne (Berne 1961, 1984) sowie drei Kernelementen (Ich-Zustände, Transaktionen, Lebensanschauungen) beschäftigt. Mithilfe dieser drei Kernelemente lassen sich auch immer wiederkehrende Muster in der menschlichen Kommunikation systematisch untersuchen.

Ein solches Kommunikationsmuster ist das **Drama**. Stellen Sie sich eine Szene in einer Fernseh-Seifenoper vor. Menschen sprechen miteinander, es wird immer dramatischer, die Gefühle kochen hoch, vielleicht fließen Tränen oder es kommt zu einer anderen Art des Gefühlsausbruchs. Die Protagonisten vertragen sich wieder, um sich gleich darauf ins nächste Drama zu stürzen usw. Sie sind als Zuschauer mal mehr oder weniger berührt, haben Sie doch erlebt, wie sich zwei Menschen einander sehr intensiv zugewendet haben.

Uns stellt sich häufig die Frage nach dem eigentlichen Ziel des Gesprächs bzw. nach dem, was eigentlich am Ende dabei herausgekommen ist. Schauen wir einmal bei uns selbst nach, ob es auch dort solche ähnlichen Begegnungen gibt. Um es vorwegzunehmen: Verneinen Sie die Frage nach solchen Begegnungen, wäre das sehr ungewöhnlich. Gespräche mit Menschen, bei denen wir uns währenddessen oder hinterher fragen „Worum geht bzw. ging es eigentlich in dem Gespräch?", kommen bei jedem Menschen vor. Es wurde viel geredet, Gefühle – oft negative oder unangenehme – sind in uns hochgestiegen, die Begegnung war sehr intensiv und am Ende steht kein wirkliches Ergebnis. Seien Sie bitte unbesorgt – ein solches Kommunikationsmuster ist sehr menschlich und jeder Mensch erlebt es in vielen unterschiedlichen Ausprägungen immer wieder in seinem Leben. Es gibt sogar Beziehungen zwischen Menschen, in denen diese Form der Kommunikation fast ausschließlich stattfindet.

In der Transaktionsanalyse wird das sogenannte **Dramadreieck** verwendet, um sich solchen Kommunikationsmustern zu nähern. Im Dramadreieck interagieren Menschen mit unterschiedlichen Lebensanschauungen in unterschiedlichen Ich-Zu-

3

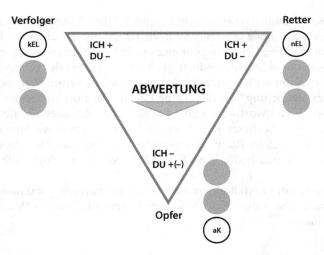

◘ **Abb. 3.7**   Das Dramadreieck. Das Dramadreieck ist ein weiteres Instrument der Transaktionsanalyse, mit dessen Hilfe unproduktive Kommunikationsmuster genauer beschrieben und analysiert werden können. Hierdurch eröffnet sich die Chance, ein solches Kommunikationsmuster aktiv zu ändern. (Quelle: eigene Darstellung in Anlehnung an Gührs und Nowak 2014, S. 121)

ständen vorrangig mit parallelen Transaktionen. Der letzte Punkt erklärt, warum diese Form der Kommunikation so stabil ist: Alle Beteiligten erleben die Interaktion so, wie sie es bewusst oder unbewusst erwarten. Nun könnten wir der Auffassung sein, dass es ein positives Zeichen sein müsste, wenn Menschen stabil miteinander kommunizieren. Das Attribut stabil sagt jedoch nichts darüber aus, welche Inhalte ausgetauscht werden und welche Gefühle beteiligt sind. Im Dramadreieck sind vorrangig negative Gefühle im Spiel und die Kommunikation ist durchgängig geprägt von gegenseitiger Abwertung. Wir können auch sagen, dass das Dramadreieck eine sehr intensive Form der Zuwendung zueinander ist, allerdings in seiner negativen Form.

Gerade der Aspekt der Zuwendung spielt in denjenigen Beziehungen eine Rolle, in denen das Dramadreieck zum Standardrepertoire der Interaktion gehört. Oft ist es die einzige Möglichkeit, wie Menschen in Kontakt zueinander treten können. Da der Mensch auf Zuwendung angewiesen ist, wird die negative Zuwendung – das abwertende Miteinander – in dem Sinne erlebt, dass diese Form der Zuwendung immer noch besser ist als gar keine Zuwendung (Gührs und Nowak 2014).

Nun betrachten wir das Dramadreieck mit unseren bisher gewonnenen transaktionsanalytischen Kenntnissen einmal genauer. Dabei orientieren wir uns an den Ausführungen von Gührs und Nowak (2014, ◘ Abb. 3.7).

Im Dramadreieck gibt es Verfolger, manchmal auch als Täter bezeichnet, sowie Retter und Opfer. Schauen wir uns diese drei „Spieler" oder „Rollen" einmal genauer an:

1. Der **Verfolger** hat die Lebensanschauung „Ich bin o. k., Du bist nicht o. k." Dieses Gefühl der Überlegenheit möchte der Verfolger andere spüren lassen. Hierzu besetzt er sein kritisch-normatives Eltern-Ich mit Energie – in der Erwartung, dass

ihm ein angepasstes Kindheits-Ich antwortet. Der Verfolger ist quasi im Angriffs-modus und möchte der anderen Person mit erhobenem Zeigefinger erklären, warum sie nicht richtig ist und welche Fehler sie besitzt.

2. Der **Retter** hat die gleiche Lebensanschauung wie der Verfolger. Auch er sieht sich selbst als o. k. und die andere Person als nicht o. k. an. Anders als der Verfolger besetzt der Retter sein nährend-fürsorgliches Eltern-Ich in der Form mit Energie, dass andere als unselbstständig und auf seine Hilfe angewiesen erscheinen. Der Retter signalisiert seinem Gegenüber: „Ohne meine Hilfe bist Du nichts. Lass zu, dass ich Dir helfe oder etwas für Dich tue."

3. Das **Opfer** bildet die dritte Ecke des Dramadreiecks. Ohne das Opfer kann das Dramadreieck nicht geschlossen werden. Das Opfer hat die Lebensanschauung „Ich bin nicht o. k., Du bist o. k." Das Opfer hat das Gefühl, alles falsch zu machen, schlimmer noch: dass es selbst falsch ist. Es kommuniziert im angepassten Kindheits-Ich. Es möchte bestätigt bekommen, dass es selbst falsch ist und gesagt bekommen, was richtig ist.

Nun sind unterschiedliche Konstellationen des Dramadreiecks vorstellbar. Immer ist ein Opfer beteiligt und auf der anderen Seite ein Verfolger oder ein Retter. Na-türlich können auch sämtliche Positionen besetzt sein. Der Einstieg ins Drama-dreieck kann von jeder Position aus erfolgen. Stellen wir uns diesen Einstieg als Einladung oder als ausgeworfenen Köder vor. Nur wenn eine andere Person die Einladung annimmt bzw. den Köder schluckt, kann der Einstieg ins Dramadreieck erfolgen. Auch an dieser Stelle gilt der Grundsatz, dass es bei Kommunikationsvor-gängen nicht sinnvoll ist, auf die eine oder andere Person zu zeigen. An allem, was passiert, sind auch alle beteiligt – eine Einladung muss nicht angenommen bzw. ein Köder nicht geschluckt werden.

Einladungen ins Dramadreieck beginnen häufig mit Übertreibungen oder Ver-allgemeinerungen. Wörter, wie „nie", „immer", „jeder/jedes", „alle", usw. sind ein Indiz für eine solche Einladung. Hier einige Beispiele:

1. „Immer kommst Du zu spät."
2. „Nie mache ich etwas richtig." oder „Ich mache immer alles falsch."
3. „Du hörst mir nie zu."
4. „Lass nur, es ist wie immer besser, wenn ich das für Dich tue."

▶ **Fallbeispiel**

Vielleicht haben Sie das nun folgende Gespräch in ähnlicher Form schon selbst erlebt. Stellen Sie sich eine Frühstücksszene im Hause Meier vor, an der Herr Meier, seine Frau und sein Sohn Kevin beteiligt sind.

Herr Meier: - „Dein Zimmer sieht wieder aus wie ein Saustall. Nie räumst Du auf!"

Kevin zuckt zusammen.

Herr Meier: - „Ich sage es jetzt zum letzten Mal. Räum auf!"

Frau Meier: - „Hast Du Dir Deinen Hobbykeller schon einmal näher betrachtet? Dort kann man auch keinen Fuß mehr vor den anderen setzen."

Herr Meier guckt verdutzt und schweigt.

3

Kevin: - „Lass nur, Papa hat doch recht."

Etwas später sagt *Frau Meier* zu Kevin: „Das war das letzte Mal, dass ich Dir helfe. Immer fällst Du mir in den Rücken."

Ob Kevin diese erneute Einladung ins Dramadreieck annimmt, bleibt ein Geheimnis. Interessant ist das Zusammenspiel der drei beteiligten Personen: Herr Meier lädt zunächst als Verfolger ins Dramadreieck ein. Kevin schluckt den Köder und begibt sich in die Opferrolle. Frau Meier kommt als Retterin ihrem Sohn zu Hilfe. Kevin verlässt die Opferrolle und wird selbst zum Retter. Schließlich wirft Frau Meier als Verfolgerin ihren Köder aus. Schluckt Kevin diesen Köder, nimmt das Drama wieder seinen Lauf ... ◄

❓ Reflexionsaufgabe: Dramadreiecke in TV-Sendungen

Eine Möglichkeit, sich das gerade Gelernte zu vergegenwärtigen besteht darin, eine Daily Soap oder Telenovela anzuschauen und die Dialoge der Akteurinnen und Akteure zu verfolgen. Falls das nichts für Sie ist, versuchen Sie sich bitte eigene Erlebnisse mit dem Dramadreieck in Erinnerung zu rufen. Wer hat in der Konstellation welche Rolle besetzt?

Was bei dieser Form der Interaktion im Mittelpunkt steht, ist die Beziehung zwischen den Beteiligten. Die drei Personen wenden sich einander zu, definieren ihre Beziehung – jeder aus seiner Sicht – und bekommen eine Reaktion darauf. Es passiert durchaus viel, nur wird auf der sachinhaltlichen Ebene kein Ergebnis erzielt (Gührs und Nowak 2014).

Ging es tatsächlich um ein unaufgeräumtes Zimmer oder einen chaotischen Hobbykeller? Eher nicht. Wenn es wirklich darum gegangen wäre, wäre es zielführender gewesen, das Erwachsenen-Ich mit Energie zu besetzen. Es gibt durchaus Kriterien für Ordnung und Unordnung, so dass es möglich ist, sich darüber sachlich und rational auseinanderzusetzen. In dieser Erkenntnis, dass gerade nicht die Sache im Zentrum der Kommunikation steht, liegt nach unserer Erfahrung auch die Chance, das Dramadreieck bewusst zu vermeiden und sachbezogen, in wertschätzender Haltung miteinander zu kommunizieren.

Solange im Dramadreieck parallel interagiert wird, ist die Kommunikation stabil. Die Ich-Zustände begegnen sich so, wie es nach Ansicht der Beteiligten sein soll (Berne 1961, 1984). Mit einer oder mehreren gekreuzten Transaktionen besteht die Chance, Einladungen ins Dramadreieck abzuwehren (Gührs und Nowak 2014).

▶ **Fallbeispiel**

Da im Fall des Dramadreiecks das Eltern- und Kindheits-Ich beteiligt sind, ist das Kreuzen mit dem Erwachsenen-ich erfolgversprechend. Betrachten wir dazu einmal folgende beispielhafte Situation:

Auch Frau Probst wird manchmal wütend. Besonders in Gegenwart von Frau Wilke, die ihr schon länger auf die Nerven geht.

Frau Probst (wütend): - „Immer lassen Sie die Tür auf. Es zieht!"

Frau Wilke (sachlich): - „‚Immer' ist wohl eine Übertreibung. Heute beispielsweise war es das erste Mal."

Frau Probst schaut irritiert.

Frau Wilke: - „Soll ich die Tür schließen?"
Frau Probst (ruhiger): - „Ja, bitte." ◄

Lassen Sie sich nicht entmutigen, wenn die gekreuzte Transaktion nicht sofort ihre Wirkung zeigt. Ihr Gegenüber hat gegebenenfalls das tiefe Bedürfnis, ins Dramadreieck zu gehen. Bleiben Sie im Erwachsenen-Ich und versuchen es erneut. Falls Sie darüber nachdenken, selbst ins kritisch-normative Eltern-ich zu wechseln, also symmetrisch zu reagieren, handelt es sich um eine parallele Transaktion. Der Konflikt stabilisiert sich und eskaliert voraussichtlich weiter.

Eric Berne hat sich mit weiteren Mustern menschlicher Kommunikation beschäftigt. Er spricht in diesem Zusammenhang von „Spielen der Erwachsenen" (Berne 1984). Manchmal geht es bei diesen Spielen einfach nur darum, sich die Zeit zu vertreiben. Dann hadern die Menschen gemeinsam über das Wetter oder die Jugend von heute, wenden sich einander zu und sind einer Meinung oder auch nicht. Irgendwann gehen die Menschen auseinander und nichts ist passiert. Oft stecken hinter den Spielen auch manipulative Absichten und ein Spieler möchte einen Nutzen auf Kosten des anderen aus dem Spiel ziehen. Dieser Nutzen hängt eng mit den eigenen Lebensanschauungen oder anderen Glaubenssätzen zusammen (Berne 1984).

An dieser Stelle möchten wir auf ein Spiel hinweisen, das Sie sicherlich bereits in unterschiedlichen Ausprägungen erlebt haben: das „Ja-aber-Spiel". Der Einladende ist der tiefen Überzeugung, dass ein Problem oder eine Situation nicht lösbar sei. Seine Überzeugung sitzt so tief, dass sich die Unlösbarkeit auch auf alle anderen bezieht. Mit dem Ja-aber-Spiel möchte der Spieler die Unlösbarkeit beweisen und damit bei sich ein Gefühl des Triumphs auslösen. Hierzu ist es erforderlich, den oder die anderen Mitspieler zu frustrieren oder ärgerlich zu machen. Der Spieler sieht sich selbst überfordert und beweist die Richtigkeit dieses Gefühls damit, dass die anderen ebenfalls mit der Lösung des Problems überfordert sind.

Eine gängige Eröffnung dieses Spiels ist irgendeine Form der Klage, verbunden mit der offen oder verdeckt geäußerten Bitte um Rat: „Was soll ich nur machen, wenn …?" (Gührs und Nowak 2014). Der Ja-aber-Spieler sucht nach einem Retter, der seinen Köder schluckt. Ist der Retter gefunden, wird dieser beginnen, Ratschläge zu erteilen. Die Reaktion des Ja-aber-Spielers ist bei jedem Ratschlag ein verdecktes gönnerhaftes „Ja (Danke für Deinen Rat), …" verbunden mit einem Grund „… aber", der erläutert, warum dieser Rat nicht zielführend ist. Der Retter wird verdeckt aufgefordert, einen neuen Ratschlag zu geben. Dieser fährt fort und erhält immer wieder die Rückmeldung „Ja, aber …", wodurch sich bei ihm zunächst Irritation, dann Resignation und später oft Ärger einstellt. So endet ein solches Spiel häufig ungefähr so:

- *Retter* (resigniert): „Da kann man wohl nichts machen."
- *Ja-aber-Spieler* (triumphierend): „Ja, aber danke, dass Du es versucht hast."

Oder
- *Retter* (wütend): „Dir ist ja nicht zu helfen!"
- *Ja-aber-Spieler* (enttäuscht, aber bestätigt): „Das hab' ich doch gesagt. Erst kannst Du mir nicht helfen und jetzt wirfst Du mir das auch noch vor."

3

Damit schließt sich der Kreis. Der Ja-aber-Spieler hat das bekommen, was er wollte, und hinterlässt frustrierte oder sogar ärgerliche Mitspieler.

Begegnen Sie einem Ja-aber-Spieler, gilt der Grundsatz, diesem auf keinen Fall Ratschläge zu erteilen. Jeder Ratschlag würde das Spiel nur befeuern. Laden Sie ihn stattdessen zu einem Perspektivenwechsel ein oder fragen Sie ihn nach seinen bisherigen Lösungsansätzen. Der Ich-Zustand der Wahl ist dafür das Erwachsenen-Ich (Gührs und Nowak 2014).

❓ Reflexionsaufgabe: Geschichten aus dem Dramadreieck

Bitte finden Sie weitere Beispiele für Spielarten des Dramadreiecks. Anregungen bietet das Buch „Spiele der Erwachsenen" (Berne 1984).

Zusammenfassung in Schlagworten

- Die **acht** Kommunikationsstile nach Schulz von Thun (2008) demonstrieren die Abhängigkeit der menschlichen Kommunikation von der inneren Verfassung eines Menschen.
  - Es werden der bedürftig-abhängige Stil, der helfende Stil, der selbstlose Stil, der aggressiv-entwertende Stil, der bestimmend-kontrollierende Stil, der sich-distanzierende Stil und der mitteilungsfreudig-dramatisierende Stil differenziert.
  - Der Kommunikationsstil drückt aus, wie sich ein Mensch fühlt, wie er auf andere wirken möchte und wie er seine jeweilige Beziehung zu anderen einschätzt.
  - Die Kommunikationsstile verschiedener Personen harmonieren unterschiedlich gut im Gespräch miteinander.
- Der Einsatz verschiedener **Werkzeuge** oder Instrumente erleichtert die Einordnung und das Verständnis von Kommunikationsstilen. Darunter fällt beispielsweise das Aufdecken von Teufelskreisen, die Forschung nach kommunikationsrelevanten Werten und Prinzipien oder auch die Analyse eines Dramadreiecks.
- Kommunikation ist kreisförmig. **Teufelskreise** im Rahmen von Kommunikation entstehen aus der Diskrepanz von innerer Haltung einer Person und ihrem äußeren Verhalten.
- Übersteigerte **Werte und Prinzipien** können bei zwischenmenschlichen Begegnungen eskalierend wirken. Mithilfe des *Werte- und Entwicklungsquadrats* lassen sich übersteigerte Werte und Prinzipien auf ihren positiven Ausgangswert zurückführen.
- Manche Beziehungen lassen sich in das sogenannte **Dramadreieck** einordnen, in dem die kommunizierenden Personen sich einander gegenüber ausschließlich abwertend verhalten.
  - Das Dramadreieck entstammt der Transaktionsanalyse und beruht auf einer erfolgreichen aber negativen Zuwendung der kommunizierenden Parteien, welche auf unterschiedliche Lebensanschauungen, unterschiedliche Ich-Zustände aber parallele Transaktionen zurückzuführen ist.
  - In einem typischen Dramadreieck lassen sich drei Rollen unterscheiden: der/die Verfolgende, der/die Rettende und der/die Täter(in).

Literatur

Berne, E. (1961). *Transactional analysis in psychotherapy*. New York: Grove Press.

Berne, E. (1984). *Spiele der Erwachsenen*. Reinbek: Rowohlt.

Gührs, M., & Nowak, C. (2014). *Das konstruktive Gespräch – Ein Leitfaden für Beratung, Unterricht und Mitarbeiterführung mit Konzepten der Transaktionsanalyse* (7. Aufl.). Meezen: Christa Limmer.

Helwig, P. (1965). *Charakterologie* (4. Aufl.). Stuttgart: Klett.

Lubienetzki, U., & Schüler-Lubienetzki, H. (2016). *Was wir uns wie sagen und zeigen. Menschliche Kommunikation. Studienbrief der Hochschule Fresenius online plus GmbH*. Idstein: Hochschule Fresenius online plus GmbH.

Schulz von Thun, F. (2008). *Miteinander Reden 2 – Stile, Werte und Persönlichkeitsentwicklung* (32. Aufl.). Reinbek: Rowohlt.

Schulz von Thun, F. (2013). *Miteinander Reden 1 – Störungen und Klärungen* (50. Aufl.). Reinbek: Rowohlt.

Thomann, C., & Schulz von Thun, F. (2005). *Klärungshilfe 1 – Handbuch für Therapeuten, Gesprächshelfer und Moderatoren in schwierigen Gesprächen* (2. Aufl.). Reinbek: Rowohlt.

Watzlawick, P., Beavin, J. H., & Jackson, D. D. (1967/2011). *Menschliche Kommunikation – Formen, Störungen, Paradoxien* (12. Aufl., 2011; Originalausgabe: Pragmatics of Human Communication. New York: Norton, 1967). Bern: Huber.

Gestörte Kommunikation

Manchmal ist Kommunikation nicht erfolgreich. Aber: warum eigentlich?

Inhaltsverzeichnis

Die Ausführungen in diesem Kapitel basieren auf folgendem Studienbrief: Lubienetzki, U. und Schüler-Lubienetzki, H. (2016). WAS WIR UNS WIE SAGEN UND ZEIGEN. MENSCH-LICHE KOMMUNIKATION. Studienbrief der Hochschule Fresenius online plus GmbH. Id-stein: Hochschule Fresenius online plus GmbH.

© Springer-Verlag GmbH Deutschland, ein Teil von Springer Nature 2020
U. Lubienetzki, H. Schüler-Lubienetzki, *Was wir uns wie sagen und zeigen*,
Psychologie für Studium und Beruf, https://doi.org/10.1007/978-3-662-61827-1_4

Wenn sich Menschen begegnen, kommunizieren sie. Das ist unvermeidlich. Menschen teilen sich etwas verbal oder nonverbal mit. Dabei tauschen sie Nachrichten und vielerlei Botschaften aus. Stellen wir uns nun die Frage: Wann ist Kommunikation erfolgreich? Oder umgekehrt: Was hindert oder stört den Erfolg?

⊜ Nach eingehender Lektüre dieses Kapitels können Sie …
— **Kommunikationsstörungen** erklären und ihre möglichen Ursachen darlegen.
— erklären, wie man Kommunikationsstörungen **entgegenwirken** kann.
— die *vier Säulen der Verständlichkeit* von Nachrichten sowie die *vier Stufen der Abwertung* wiedergeben.
— den Hintergrund von **Kommunikationssperren** erläutern und die „**Typischen Zwölf**" Kommunikationssperren nach Thomas Gordon (1974) wiedergeben.

Mit *Erfolg* meinen wir, dass das Ziel von Kommunikation erreicht und die beabsichtigte Wirkung erzielt werden. Umgekehrt ist Kommunikation dann gestört, wenn das Ziel von Kommunikation und die beabsichtigte Wirkung nicht erreicht werden.

4.1 Kommunikationsstörungen

Wir haben bereits in ► Abschn. 2.3 die **fünf Axiome menschlicher Kommunikation** nach Watzlawick et al. kennengelernt (Watzlawick et al. 1967/2011). Aus diesen Axiomen resultieren verschiedene Arten von Störungen in der Kommunikation. Untersuchen wir in Anlehnung an Watzlawick et al. (1967/2011) im Folgenden die fünf Axiome noch einmal näher hinsichtlich möglicher Kommunikationsstörungen:
1. **„Man kann nicht nicht kommunizieren."**

➔ Offen und eindeutig kommunizieren!
   Sind wir uns dieses Axioms bewusst, ist uns klar, dass jeder Versuch, Kommunikation zu vermeiden, misslingen wird. Es empfiehlt sich dann grundsätzlich, auch wenn wir es nicht wollen, Kommunikationsangebote entweder anzunehmen oder klar zu kommunizieren, dass wir das Gespräch nicht führen möchten. Jede andere Reaktion kann zu Störungen führen, da wir dann unklar und missverständlich reagieren müssen. So entstehen Kommunikationsstörungen, wenn wir Kommunikationsangebote ignorieren, die Aussagen unseres Gegenübers entwerten oder widerwillig die Kommunikation annehmen.
   Wenn wir unsere Gesprächspartner ignorieren, geben wir vor, taub oder der Sprache der anderen Person nicht mächtig zu sein, oder täuschen einen anderen Grund vor, weswegen uns die Kommunikation verwehrt ist. Im letztgenannten Fall wäre zu bedenken, dass wir unser Gegenüber täuschen, dass wir aber gleichzeitig wissen, dass wir täuschen. Dieses Wissen beeinflusst wiederum unsere Kommunikation. Die Aussagen des Partners zu entwerten, bedeutet, alles zu tun, um diesen ihre Bedeutung zu nehmen oder zumindest zu verändern. Nehmen wir das Kom-

munikationsangebot widerwillig an, so werden wir, wenn nicht verbal, dann zumindest nonverbal, die Botschaft mitsenden, dass wir uns eigentlich nicht wohlfühlen.

2. **„Jede Kommunikation hat einen Inhalts- und einen Beziehungsaspekt, derart, dass letzterer den ersteren bestimmt"**

→ Beziehung klären und wertschätzend kommunizieren!

Eine Grundvoraussetzung erfolgreicher Kommunikation besteht darin, dass die Beziehung zwischen zwei Kommunikationspartnern nicht negativ ausgeprägt sein darf. Umgekehrt unterstützen gegenseitige Wertschätzung und Vertrauen als wichtigste Merkmale den Erfolg von Kommunikation. Die Gesprächspartner müssen sich also über ihre Beziehung im Klaren sein. Erfolgreich kommunizieren, d. h. Ziele erreichen und Störungen vermeiden, können folglich nur diejenigen, die auf der Inhalts- und der Beziehungsebene Einigkeit besitzen. Das Axiom geht sogar so weit, dass bei Einigkeit auf der Beziehungsseite auch bei Uneinigkeit auf der Inhaltsseite erfolgreich kommuniziert werden kann.

Ungeklärte Beziehungen bedürfen zunächst der Klärung. Entsprechend offerieren die Gesprächspartner verbal und nonverbal Definitionen ihrer Beziehung. Diese Beziehungsdefinitionen können vom Gesprächspartner bestätigt, verworfen oder entwertet werden.

Negative Beziehungen, d. h. fehlende gegenseitige Wertschätzung und fehlendes Vertrauen, stören die Kommunikation. Jeder Versuch, einfach die Beziehungsebene „außen vor zu lassen", stört und ist zum Scheitern verurteilt. Unklare Beziehungen schlagen sich ebenfalls auf der Inhaltsebene nieder, was ebenfalls zu Störungen führt.

3. **„Die Natur einer Beziehung ist durch die Interpunktion seitens der Partner bedingt."**

→ Berücksichtigen, dass Kommunizierende sich gegenseitig beeinflussen!

Watzlawick et al. verweisen mit diesem Axiom auf die Kreisförmigkeit von Kommunikation. Erfolgreiche Kommunikation bedingt, dass beide Gesprächspartner den gleichen Anfangspunkt in ihrer Kommunikation setzen. Sind Ursache und Wirkung von den Gesprächspartnern unterschiedlich definiert, kommt es zu Störungen. Das Verhalten des anderen Gesprächspartners wird durch das eigene Verhalten bewusst oder unbewusst bedingt. Wird dieses außer Acht gelassen, kann das eigene Verhalten die andere Person unter Druck setzen oder sogar zu einer sich selbst erfüllenden Prophezeiung führen.

4. **„Menschliche Kommunikation bedient sich digitaler und analoger Modalitäten"**

→ Kongruent kommunizieren!

In der Kommunikation sind Sprache und Verhalten, also verbale und nonverbale Ausdrucksformen, miteinander untrennbar verbunden. Sind beide klar, eindeutig und kongruent, ist die aus diesem Axiom resultierende Voraussetzung erfolgreicher Kommunikation gegeben. Je größer die Inkongruenz, d. h. das (unbewusste) Verhalten passt nicht zum Gesagten, desto größer die Störung der Kommunikation.

4

5. **„Zwischenmenschliche Kommunikationsabläufe sind entweder symmetrisch oder komplementär, je nachdem, ob die Beziehung zwischen den Partnern auf Gleichheit oder Unterschiedlichkeit beruht."**

→ Beziehung und entsprechende Erwartungshaltungen beachten!

Von der Definition einer Beziehung in jedem Augenblick der Interaktion hängt ab, welche Reaktion vom Gegenüber erwartet wird und welche nicht. Passiert nicht das Erwartete, führt Symmetrie zu einer Eskalation und Komplementarität zu einer Bevormundung. Beide Reaktionen stören die Kommunikation nachhaltig.

In den Axiomen von Watzlawick et al. nimmt die Beziehung zwischen zwei Partnern die zentrale Position ein. Schulz von Thun hat dafür das Bild der Beziehungsebene, die die Sachinhaltsebene quasi mit Stecknadeln spickt, geprägt (Schulz von Thun 2013, S. 199). Werden die Stiche zu schmerzhaft oder zu zahlreich, muss die Beziehungsebene geklärt werden, bevor auf der Sachinhaltsebene weiter fortgeschritten werden kann.

Nicht nur Unstimmigkeiten auf der Beziehungsebene können zu Störungen führen, auch aus der Gestalt der Inhaltsebene, der Sachseite einer Nachricht, können Kommunikationsstörungen resultieren. Kurz gesagt: Der Inhalt einer Nachricht wird vom Empfänger zwar gehört, aber in seiner Bedeutung nicht verstanden. Während bei Watzlawick et al. mehr oder weniger unterstellt wird, dass die Inhaltsebene für die Gesprächspartner verständlich ist (Watzlawick et al. 1967/2011), setzt sich Schulz von Thun explizit mit dem Thema **Verständlichkeit** auseinander. Er meint damit, dass gesprochene oder geschriebene Texte vom Sender so gestaltet werden sollten, dass der Empfänger eine möglichst große Chance hat, diese zu verstehen. Wie wir bereits in ► Abschn. 2.5 gesehen haben, sind die vier Säulen der Verständlichkeit (Schulz von Thun 2013, S. 160 ff.)

1. die Einfachheit in der sprachlichen Formulierung,
2. die Gliederung/Ordnung des Textes,
3. die Kürze und Prägnanz der Nachricht sowie
4. zusätzliche Stimulanzen oder anregende Stilmittel.

Besonders deutlich werden Kommunikationsstörungen in Zusammenhängen, in denen die gemeinsame Lösung eines Problems Schwierigkeiten bereitet. Im Kern geht es um die individuelle Bewertung des Problems und der damit verbundenen Umstände durch jeden Beteiligten. Gührs und Nowak beleuchten in diesem Zusammenhang das von Watzlawick et al. als „Entwertung" (2011, S. 87) bezeichnete Verhalten in der Kommunikation. Sie setzen an die Stelle der Entwertung den Begriff der „Abwertung" (Gührs und Nowak 2014, S. 161). In der zielgerichteten Kommunikation kommt es darauf an, dass ein Problem zunächst erkannt und auch anerkannt wird, und im zweiten Schritt gilt es, gemeinsam nach Lösungen zu suchen. Umgekehrt führt die Abwertung des Problems zur Unmöglichkeit, mit diesem erfolgversprechend umzugehen. Die vier „**Stufen der Abwertung**" sind (Gührs und Nowak 2014):

1. Stufe 1: Leugnung – das Problem existiert nicht.
2. Stufe 2: Verkleinerung – das Problem ist nicht so groß.
3. Stufe 3: Unlösbarkeit – das Problem ist nicht lösbar.
4. Stufe 4: Fehlende persönliche Fähigkeit – das Problem ist für mich nicht lösbar.

Erst dann, wenn die Stufen durchlaufen und für alle Seiten gelöst sind, kann die eigentliche Problemlösung kommuniziert werden. Wenn Äußerungen erkannt werden, die einer der genannten Stufen zuzuordnen sind, bieten diese einen Anhaltspunkt, die Kommunikationspartnerin oder den Kommunikationspartner zur Lösung des Problems zu führen. Der Weg ist dabei, zunächst das Problembewusstsein herauszuarbeiten (Stufen 1 und 2) und anschließend die Lösbarkeit herzuleiten (Stufen 3 und 4). Erst wenn die Beteiligten die grundsätzliche Lösbarkeit anerkennen, kann konstruktiv und erfolgversprechend an konkreten Lösungen gearbeitet werden (Gührs und Nowak 2014).

> **Wichtig**
Zusätzlich möchten wir auf das in ▶ Abschn. 3.2.3 dargestellte Dramadreieck und weitere Formen manipulativer Spiele verweisen. Jede Form von Kommunikation, die mit der Abwertung eines oder mehrerer Kommunikationspartner einhergeht, kann nicht für alle Beteiligten gleichermaßen erfolgreich sein. Manipulation in jeder Form ist aus unserer Sicht eine massive Entwertung des anderen, die ein freies Entfalten und eine sachorientierte Auseinandersetzung unmöglich machen.

? **Reflexionsaufgabe: Eigene Erlebnisse mit Kommunikationsstörungen**
Haben Sie solche Kommunikationsstörungen selbst erlebt? Wie sahen diese aus?

4.2 Die „Typischen Zwölf" nach Thomas Gordon

In der menschlichen Kommunikation gibt es zahlreiche Aspekte, die wir nicht beeinflussen können. So ist unser Gesprächspartner für uns eine Black Box. Wir wissen nicht, was die andere Person gerade beschäftigt und welche Gefühle sie gerade bewegen. Selbst, wenn sich unser Gegenüber dazu äußert, erhalten wir zwar eine subjektive Sicht, diese wird jedoch mit unserer subjektiven Sicht bewertet, so dass das Ergebnis nicht mit dem ursprünglich Intendierten übereinstimmen muss. Unsere Realität ist niemals vollständig deckungsgleich mit der unseres Gegenübers (Watzlawick et al. 1967/2011; Schulz von Thun 2013).

Dennoch können wir selbst etwas dafür tun, dass die Wahrscheinlichkeit des Gelingens von Kommunikation erhöht wird. Wir können vermeiden, dass wir selbst den Grund für eine Kommunikationsstörung liefern. Thomas Gordon spricht in diesem Zusammenhang von den „typischen Zwölf" (Gordon 1974, S. 51). Das sind Kommunikationssperren, die bewirken, dass sich ein anderer Mensch uns gegenüber verschließt und eine zunächst produktive Kommunikation ins Stocken gerät (Gordon 1974). Er legt dabei seinen Fokus auf die Familie und die Interaktion zwischen Eltern und Kindern. Die von ihm aufgezeigten Zusammenhänge gelten aus unserer Sicht jedoch auch ganz allgemein für andere Kontexte (z. B. für professionelle Situationen). Die Kommunikationssperren sind reaktiv zu verstehen. Damit meinen wir, dass ein Mensch produktiv kommunizieren möchte und der andere in einer Art und Weise reagiert, dass die weitere Kommunikation gesperrt wird.

4

Beobachten wir einmal das folgende Gespräch im beruflichen Kontext zwischen der Abteilungsleiterin Frau Bach und ihrer Mitarbeiterin Frau Klein:

> ▶ **Beispiel: Gemeinsame Problemlösung und Kommunikationssperren**

Frau Klein kommt gerade von einem wichtigen Kundenbesuch zurück.

Frau Klein (sachlich): - „Ich war gerade bei Firma Lund. Ich habe alles versucht, aber die haben mich nicht verstanden. Ich habe signalisiert, dass wir so nicht weiterkommen. Ich bin mit meinem Latein am Ende. Was kann ich tun?"

Frau Bach (aufgebracht): - „Das hört sich nicht gut an. Warum haben Sie mich nicht gleich angerufen? Das habe ich Ihnen doch schon mehrmals gesagt."

Frau Klein (irritiert): - „Ich weiß nicht."

Frau Bach (resigniert): - „Jetzt kann ich die Situation wieder richten!"

Frau Klein schweigt.

Frau Bach: - „Ich weiß alles, was ich wissen muss. Sie können gehen."

Frau Klein nickt und verlässt wortlos den Raum.

Zu Beginn sendet Frau Klein das Signal, dass sie in eine Situation geraten ist, die für sie derzeit nicht lösbar erscheint. Dennoch ist ihr Wille erkennbar, die Situation zu lösen. Sie möchte sich mit ihrer Vorgesetzten, Frau Bach, dazu beraten, um einen neuen Anlauf beim Kunden vorzubereiten. Zwar hat Frau Klein einen Rückschlag erlitten, möchte aber dennoch konstruktiv damit umgehen und öffnet sich ihrer Führungskraft. Frau Bach bewertet das Gehörte und antwortet mit einer Frage nach dem Warum, die gleichzeitig eine Wertung sowie einen Vorwurf enthält. Frau Klein wollte gemeinsam nach einer Lösung suchen und Frau Bach geht nicht nur nicht darauf ein, sondern sie bewertet ihr Verhalten negativ und hält ihr dieses vor. Als Reaktion schweigt Frau Klein und sperrt sich so der weiteren Kommunikation. So bleibt Frau Bach nur noch die Option, die Situation selbst zu bereinigen. Beide gehen unzufrieden und enttäuscht auseinander. An diese Begebenheit werden beide noch einige Zeit denken, wodurch die aufgebaute Kommunikationssperre auch in die Zukunft hineinwirkt.

Beide wären hingegen wahrscheinlich positiv gestimmt auseinandergegangen, wenn sie die Chance gehabt hätten, gemeinsam eine Lösung zu finden, die Frau Klein hilft, ihr Problem mit dem Kunden zu lösen. Sie hätten mehrfach gewinnen können: Frau Klein wäre wahrscheinlich mit der Lösung ihres Problems wieder motiviert an ihre Arbeit gegangen. Frau Bach hätte mit der erfolgreichen Motivation ihrer Mitarbeiterin ein Erfolgserlebnis gehabt. Frau Klein hätte das Problem selbst gelöst und Frau Bach müsste sich nicht selbst um das Problem kümmern. Am Ende wäre die Beziehung zwischen Frau Bach und Frau Klein gestärkt worden, wodurch sich auch die Chance verbessert hätte, bei nächster Gelegenheit ähnlich produktiv zusammenzuarbeiten. ◀

Das war nur eine Möglichkeit, wie eine Führungskraft auf eine Mitarbeiterin oder einen Mitarbeiter reagieren kann, um am Ende mit dem Problem allein dazustehen. Gordon nennt insgesamt **zwölf Arten von Kommunikationssperren** (Gordon 1974, S. 48 ff.):

1. „Befehlen, Anordnen, Kommandieren

2. Warnen, Ermahnen, Drohen
3. Zureden, Moralisieren, Predigen
4. Beraten, Lösungen geben oder Vorschläge machen
5. Vorhaltungen machen, Belehren, Logische Argumente anführen
6. Urteilen, Kritisieren, Widersprechen, Beschuldigen
7. Loben, Zustimmen
8. Beschimpfen, Lächerlich machen, Beschämen
9. Interpretieren, Analysieren, Diagnostizieren
10. Beruhigen, Bemitleiden, Trösten, Unterstützen
11. Forschen, Fragen, Verhören
12. Zurückziehen, Ablenken, Aufheitern, Zerstreuen"

❓ Reflexionsaufgabe: Wer bewirkt Kommunikationssperren?
Kennen Sie jemanden, der oder die häufig Kommunikationssperren einsetzt? Welche sind das?

Damit Kommunikation nicht ins Stocken gerät oder abbricht, sollten Sie die zwölf Arten von Kommunikationssperren unbedingt vermeiden. Stattdessen sollten Sie sich einiger Techniken bedienen, um die Kommunikation zu unterstützen. Oft erhalten Sie weitere Informationen, wenn Sie Ihre Gesprächspartnerin oder Ihren Gesprächspartner zum Weitersprechen auffordern („Aha, erzählen Sie doch einmal die ganze Geschichte."). Offene Fragen, die mit „Wie" beginnen, sind ebenfalls geeignet („Wie hat sich das geäußert?"). (Gordon 1974)

Ein solches aktives Zuhören hat zum Ziel, wirklich wahrzunehmen, was die andere Person möchte und wirklich in Kontakt zu kommen. Beim aktiven Zuhören möchten wir eine Nachricht in all ihren Facetten hören und verstehen. Dazu muss die andere Person zwangsläufig solange Informationen und Botschaften liefern, bis wir die Nachricht verstanden haben. Andererseits sollten Sie sich im Gespräch vergewissern, dass Sie die vielfältigen Informationen und Botschaften auch richtig verstanden haben. Hierzu wiederholen Sie wichtige Passagen in eigenen Worten (Paraphrasieren) und verbinden diese mit der Frage, ob Sie alles richtig verstanden haben (Gordon 1974).

▶ Beispiel: Aktives Zuhören
Frau Bach: - „Ich habe Sie so verstanden, dass die Firma Lund … geäußert hat und damit … signalisiert hat. Habe ich Sie da richtig verstanden?" ◀

In der Kommunikation kommt dem guten Zuhören eine außerordentlich wichtige Bedeutung zu. Einerseits erfahren wir mehr, wenn wir gut zuhören, und andererseits signalisieren wir der anderen Person unsere Wertschätzung gegenüber der Person und dem, was sie oder er sagt. Dieses Verhalten fördert wiederum die Kommunikation.

4

❓ Reflexionsaufgabe: Kommunikation zwischen Frau Bach und Frau Klein
Schauen Sie sich bitte noch einmal das Gespräch von Frau Bach und Frau Klein an.
Wie könnte Frau Bach agieren bzw. kommunizieren, um Frau Klein so zu führen,
dass diese die Situation selbstständig löst?

Zusammenfassung in Schlagworten

— **Kommunikationsstörungen** oder **-sperren** sorgen dafür, dass Kommunikation
nicht erfolgreich verläuft.

— Mögliche Kommunikationsstörungen lassen sich beispielsweise aus den Axiomen zur Kommunikation von Watzlawick et al. (1967/2011) ableiten.

— Um Kommunikationsstörungen entgegenzuwirken,
  - sollten Beteiligte **eindeutig** und offen kommunizieren.
  - sollte die **Beziehung** der kommunizierenden Parteien zueinander sowie Wert-
    schätzung und Vertrauen in der Kommunikation sichergestellt werden.
  - sollten sich Beteiligte der **Kreisförmigkeit** von Kommunikation, d. h. der be-
    wussten und unbewussten gegenseitigen Beeinflussung im Kommunikations-
    prozess bewusst sein.
  - sollten Beteiligte **kongruent**e Nachrichten übermitteln.
  - gilt es zu berücksichtigen, dass **unerwartete (Re)Aktionen** der kommunizie-
    renden Parteien zu eben diesen Störungen führen können.

— **Kommunikationssperren** entstehen bei bestimmten Äußerungen eines Kommunikationspartners, die zum Abbruch der Kommunikation führen.

— Thomas Gordon (1974) hat die „**Typischen Zwölf**" Kommunikationssperren
aufgelistet.

Literatur

Gordon, T. (1974). *Familienkonferenz* (3. Aufl.). Lengerich: Hoffmann und Campe.

Gührs, M., & Nowak, C. (2014). *Das konstruktive Gespräch – Ein Leitfaden für Beratung, Unterricht und Mitarbeiterführung mit Konzepten der Transaktionsanalyse* (7. Aufl.). Meezen: Christa Limmer.

Lubienetzki, U., & Schüler-Lubienetzki, H. (2016). *Was wir uns wie sagen und zeigen. Menschliche Kommunikation. Studienbrief der Hochschule Fresenius online plus GmbH*. Idstein: Hochschule Fresenius online plus GmbH.

Schulz von Thun, F. (2013). *Miteinander Reden 1 – Störungen und Klärungen* (50. Aufl.). Reinbek: Rowohlt.

Watzlawick, P., Beavin, J. H. & Jackson, D. D. (1967/2011). *Menschliche Kommunikation – Formen, Störungen, Paradoxien* (12. Aufl, 2011; Originalausgabe: Pragmatics of Human Communication. New York: Norton, 1967). Bern: Huber.

Selbst- und Fremdwahrnehmung

Was andere und ich selbst über mich wissen und was nicht

Inhaltsverzeichnis

Die Ausführungen in diesem Kapitel basieren auf folgendem Studienbrief: Lubienetzki, U. und Schüler-Lubienetzki, H. (2016). WAS WIR UNS WIE SAGEN UND ZEIGEN. MENSCH-LICHE KOMMUNIKATION. Studienbrief der Hochschule Fresenius online plus GmbH. Idstein: Hochschule Fresenius online plus GmbH.

Wir haben mittlerweile erfahren, dass menschliche Kommunikation deutlich mehr ist als das gesprochene Wort. Sprache ist, wie wir gesehen haben, nur der digitale Bestandteil von Kommunikation. Das Verhalten des Menschen sowie seine bewussten und unbewussten nonverbalen Signale wie Mimik, Gestik oder Körpersprache drücken viel mehr aus. Dieser analoge Anteil der Kommunikation, über den Beziehungen, Gefühle und Befindlichkeiten übermittelt werden, dominiert den digitalen Anteil. Oder anders ausgedrückt: Das, was wir über unser Verhalten mitteilen, ist entscheidend dafür, wie das, was wir sprachlich vermitteln, bei anderen ankommt.

5

🎯 **Nach eingehender Lektüre dieses Kapitels können Sie …**

— erläutern, inwiefern **Selbst-** und **Fremdwahrnehmung** auf Kommunikation Einfluss nehmen.

— das **Johari-Fenster** als Modell für Selbst- und Fremdwahrnehmung erklären sowie die einzelnen Zellen wiedergeben.

— aus dem Johari-Fenster Strategien ableiten, um die Erfolgsaussichten von Kommunikation zu erhöhen.

Was wir bewusst senden, hängt von unserer subjektiven Selbstwahrnehmung ab. Wenn wir zielgerichtet kommunizieren, bestimmt unser Selbstbild und unser Verständnis davon, wie wir glauben, dass andere uns wahrnehmen, die Nachrichten und Botschaften, die wir übermitteln. Der Empfänger wiederum sieht uns durch seine subjektive „Brille". Dabei deckt sich seine Wahrnehmung von uns nur zum Teil mit unserem Selbstbild. Vergleichbar mit einem Eisberg, ist der größte Teil unseres Selbst der Öffentlichkeit verborgen. Damit hat der andere einerseits ein deutliches Informationsdefizit uns gegenüber und muss gleichzeitig unsere gesendeten digitalen und analogen Signale hinsichtlich ihrer Botschaften auswerten (Watzlawick et al. 1967/2011; Schulz von Thun 2013).

Diese konstruktivistische Sicht auf Kommunikation haben insbesondere Watzlawick et al. und Schulz von Thun geprägt (siehe hierzu auch ▶ Abschn. 2.6). Das, was der andere empfängt, entsteht in ihm. Um dieses „Puzzle" zusammenzusetzen, bedient sich der Empfänger seiner ganzen Persönlichkeit, seiner Erfahrungen, seiner Wahrnehmung seines Gegenübers sowie des semantischen Gehalts der empfangenen Nachrichten (Watzlawick et al. 1967/2011; Schulz von Thun 2013). Die Selbst- und Fremdwahrnehmung wird damit zu einem zentralen Element von Kommunikation: Wie ich mich selbst wahrnehme, bestimmt, wie ich kommuniziere. Wie ich wahrgenommen werde, bestimmt, was ankommt.

Das ursprünglich von Joseph Luft und Harry Ingham Mitte des letzten Jahrhunderts entwickelte Modell zur Selbst- und Fremdwahrnehmung hat mittlerweile eine große Verbreitung gefunden. Das sogenannte **Johari-Fenster** stellt in einer Matrix gegenüber, was mir selbst von mir bekannt und unbekannt ist und was anderen von mir bekannt und unbekannt ist. In Anlehnung an Gellert und Nowak ist das Johari-Fenster folgendermaßen aufgebaut (Gellert und Nowak 2014) (siehe ◘ Abb. 5.1). Es entstehen somit vier Felder oder Bereiche:

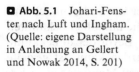

◘ Abb. 5.1 Johari-Fenster nach Luft und Ingham. (Quelle: eigene Darstellung in Anlehnung an Gellert und Nowak 2014, S. 201)

	Mir bekannt	Mir unbekannt
Anderen bekannt	Öffentlicher Bereich	Blinder Fleck
Anderen unbekannt	Geheimer Bereich	Unbekannter Bereich

1. **Geheimer Bereich**
   Der geheime Bereich beinhaltet alles von mir, was mir bekannt und anderen unbekannt ist. Ich selbst bestimme, was aus diesem Bereich öffentlich wird und was nicht.
2. **Öffentlicher Bereich**
   Im öffentlichen Bereich ist alles das enthalten, was ich bewusst öffentlich gemacht habe und von dem ich weiß, dass andere es wissen.
3. **Blinder Fleck**
   Mein blinder Fleck umfasst alles das, was anderen von mir bekannt ist, wovon ich aber nichts weiß. Der öffentliche Bereich gemeinsam mit dem blinden Fleck bestimmt die Fremdwahrnehmung anderer von mir.
4. **Unbekannter Bereich**
   Vieles ist im Menschen verborgen, was ihm selbst und auch anderen unbekannt ist. Erst die aktive Arbeit an diesem Bereich eröffnet die Möglichkeit, mehr über sich zu erfahren.

In ► Kap. 4 haben wir uns mit erfolgreicher Kommunikation beschäftigt. Erfolgreich ist Kommunikation, die zielgerichtet ist und das Ziel auch erreicht. In Kommunikationsbeziehungen (z. B. in der Zusammenarbeit von Gruppen und Teams) hängt der Erfolg davon ab, dass die Beteiligten sich wirklich verstehen. Die Wahrscheinlichkeit eines solchen gegenseitigen Verständnisses ist dann am größten, wenn den Beteiligten möglichst viel voneinander bekannt ist. Die Zusammenarbeit von Gruppen und Teams kann also verbessert werden, wenn der öffentliche Bereich jedes Einzelnen vergrößert wird. Hierzu gibt es zwei grundsätzliche Möglichkeiten: das gegenseitige Feedback und die Selbstoffenbarung (Gellert und Nowak 2014).

Gegenseitiges Feedback bewirkt, dass einer Einzelperson bisher unbekannte Seiten von sich bewusst werden. Sind ihr diese Seiten bekannt, wechselt sie in den öffentlichen Bereich, in dem allen Beteiligten in der gegenseitigen Kommunikation alle Fakten bewusst sind.

Die **Selbstoffenbarung** macht mir Bekanntes und bisher vor anderen Geheimgehaltenes öffentlich. Damit werden auch in diesem Fall die nun allen bekannten Seiten in der gegenseitigen Kommunikation allen bewusst. Bevor der unbekannte Bereich für die bewusste Kommunikation erschlossen werden kann, ist gezielte Selbsterfahrung oder auch der intensive Kontakt mit anderen Menschen erforderlich. Gelingt es, bisher unbekannte Seiten von mir in den geheimen Bereich oder den blinden Fleck zu überführen, können diese über Selbstoffenbarung und Feedback für die Kommunikation bewusst gemacht und so im öffentlichen Bereich zugänglich gemacht werden (Gellert und Nowak 2014).

5

❓ **Reflexionsaufgabe: Wie steht es um den eigenen blinden Fleck und öffentlichen Bereich?**
In welchen Situationen wüssten Sie gerne mehr über sich oder wünschten sich, dass Andere mehr über Sie wüssten? Wie könnten Sie das jeweilige Ziel erreichen?

Zusammenfassung in Schlagworten

- **Selbstwahrnehmung** bestimmt, wie eine Person kommuniziert und **Fremdwahrnehmung** bestimmt, was für eine Nachricht beim Empfänger ankommt.
- Ein *Modell zu Selbst- und Fremdwahrnehmung* besteht im **Johari-Fenster**. Es werden vier Bereiche unterschieden:
  - Der **Geheime Bereich** beinhaltet Aspekte zur eigenen Person, die einem selbst bekannt und anderen unbekannt sind.
  - Der **Öffentliche Bereich** beinhaltet Aspekte zur eigenen Person, die sowohl einem selbst als auch anderen bekannt sind.
  - Der **Blinde Fleck** beinhaltet Aspekte zur eigenen Person, die einem selbst unbekannt und anderen bekannt sind.
  - Der **Unbekannte Bereich** beinhaltet Aspekte zur eigenen Person, die weder einem selbst noch anderen bekannt sind.
- Um Kommunikation erfolgreich zu gestalten, sollte der Öffentliche Bereich vergrößert werden, indem durch **gegenseitiges Feedback** der Blinde Fleck verkleinert und durch **Selbstoffenbarung** der Geheime Bereich verkleinert werden.

Literatur

Gellert, M., & Nowak, C. (2014). *Teamarbeit – Teamentwicklung – Teamberatung. Ein Praxisbuch für die Arbeit in und mit Teams* (5. Aufl.). Meezen: Christa Limmer.

Lubienetzki, U., & Schüler-Lubienetzki, H. (2016). *Was wir uns wie sagen und zeigen. Menschliche Kommunikation. Studienbrief der Hochschule Fresenius online plus GmbH.* Idstein: Hochschule Fresenius online plus GmbH.

Schulz von Thun, F. (2013). *Miteinander Reden 1 – Störungen und Klärungen* (50. Aufl.). Reinbek: Rowohlt.

Watzlawick, P., Beavin, J. H., & Jackson, D. D. (1967/2011). *Menschliche Kommunikation – Formen, Störungen, Paradoxien* (12. Aufl., 2011; Originalausgabe: Pragmatics of Human Communication. New York: Norton, 1967). Bern: Huber.

Gesamtzusammenfassung in Schlagworten

Die Ausführungen in diesem Kapitel basieren auf folgendem Studienbrief: Lubienetzki, U. und Schüler-Lubienetzki, H. (2016). WAS WIR UNS WIE SAGEN UND ZEIGEN. MENSCHLICHE KOMMUNIKATION. Studienbrief der Hochschule Fresenius online plus GmbH. Idstein: Hochschule Fresenius online plus GmbH.

In diesem Buch haben wir …

- … gemeinsam **menschliche Kommunikation** als verbale oder nonverbale Interaktion zwischen mindestens zwei Personen beschrieben, analysiert und schließlich unsere persönliche kommunikative Kompetenz weiterentwickelt.
- … uns mit verschiedenen **Modelle, Schemata** und **Perspektiven** auf Kommunikation auseinandergesetzt, die Kommunizierenden und den Prozess aus unterschiedlichen Blickwinkeln mit unterschiedlich großen Ausschnitten betrachten. Wir haben unseren Schwerpunkt dabei unter anderem auf die Ansätze von *Shannon und Weaver, Watzlawick et al., Schulz von Thun* und *Eric Berne* gelegt.
  - Die Kenntnis dieser Konzepte eröffnet uns die Möglichkeit, unseren Blick auf menschliche Kommunikation unterschiedlich auszurichten und je nach Zielsetzung zu verändern.
- … mithilfe des **ersten Axioms** nach Watzlawick et al. erkannt, dass Menschen, die sich begegnen, zwangsläufig auch kommunizieren.
- Es existieren verschiedene **Variablen**, welche Einfluss auf die Interaktion der Beteiligten nehmen, sodass der Verlauf menschlicher Kommunikation niemals vorhersagbar ist. Zu diesen Variablen zählen unter anderem:
  - Die **Beziehung** zwischen den Kommunikationsparteien, die die Beteiligten unterschiedlich beurteilen können.
  - Die Kommunikationsparteien selbst in ihrer individuellen **inneren Verfassung**.
  - Der jeweilige **Kontext**, aber auch alles, was vorher war und was vermutlich später sein wird.
- … mithilfe des **zweiten Axioms** nach Watzlawick et al. verstanden, dass die *Beziehung* zwischen Kommunizierenden entscheidend Einfluss auf die Bedeutung des übermittelten Sachinhalts nimmt.
- … dem **dritten Axiom** nach Watzlawick et al. entnommen, dass Kommunikation *kreisförmig*, also quasi ohne Anfang und Ende, ist.
- … anhand des **vierten Axioms** nach Watzlawick et al. nachvollzogen, dass Kommunikation sowohl über die *digitale Modalität*, in Form des Gesagten oder Geschriebenen, erfolgt, als auch über die *analoge Modalität*, also über das Verhalten, die Körpersprache und Mimik der kommunizierenden Parteien. Bei der digitalen Modalität steht der Sachinhalt und bei der analogen Modalität eher der Beziehungsaspekt im Vordergrund.
- … uns das **fünfte Axiom** nach Watzlawick et al. angeschaut, welches besagt, dass der Kommunikationsprozess *symmetrisch* oder *komplementär* ablaufen kann, abhängig davon ob die Beziehung der Kommunizierenden auf Gleichheit (also Augenhöhe) oder Unterschiedlichkeit (also Beziehungsgefälle) beruht.
- … die **vier Seiten einer Nachricht** nach Schulz von Thun kennengelernt. Demnach wird auf vier Ebenen kommuniziert:
  - der *Sachinhalts-Ebene,*
  - der *Beziehungsebene,*
  - der *Selbstoffenbarungsebene* und
  - der *Appellebene.*

- … zusammengefasst, dass der **Kommunikationsstil** unter anderem die *innere Verfassung* und die eigenen *Wünsche* an die gemeinsame Beziehung sowie an den anderen ausdrückt.
- … uns im Zusammenhang mit Kommunikationsstilen mit verschiedenen Instrumenten und **Werkzeugen** zur Untersuchung von Kommunikation beschäftigt:
  - In **Teufelskreisen** lösen Äußerungen innere emotionale Reaktionen aus, die wiederum Äußerungen nach sich ziehen, usw.
  - Auch persönliche **Werte** und **Prinzipien** sowie ein starker Wunsch nach Zuwendung bestimmen unseren Kommunikationsstil.
  - Wird das Bedürfnis nach positiver menschlicher **Zuwendung** nicht erfüllt, nehmen manche Personen auch negative Zuwendung in Kauf und lassen sich im Rahmen eines **Dramadreiecks** abwerten oder erniedrigen.
- … uns damit befasst, dass **Störungen** und **Kommunikationssperren** die Kommunikation behindern oder sogar gänzlich verhindern können
- … **Maßnahmen** vorgestellt, um Kommunikationsstörungen und -sperren nicht zustande kommen zu lassen. Dabei gilt grundsätzlich:
  - Sich selbst und andere Personen wirklich wahrzunehmen und auf Zeichen zu achten, die auf eine gestörte Kommunikation hindeuten.
  - Immer zunächst bei sich selbst zu beginnen, auch wenn die Ursachen für Kommunikationsstörungen vielfältig sein können, weil sich dadurch am ehesten eine Veränderung in der Kommunikation und im Verhalten von anderen Personen erreichen lässt.
- … festgestellt, dass der Ablauf von Kommunikation entscheidend vom eigenen Verhalten abhängt. Somit wird die Art und Weise, wie wir uns **selbst wahrnehmen** und die Kenntnis bzw. Erkenntnis, wie wir **von anderen wahrgenommen** werden, zu einem zentralen Element erfolgreicher Kommunikation.
- Selbst- und Fremdwahrnehmung lassen sich im Rahmen des **Johari-Fensters** genauer untersuchen.

Serviceteil

© Springer-Verlag GmbH Deutschland, ein Teil von Springer Nature 2020
U. Lubienetzki, H. Schüler-Lubienetzki, *Was wir uns wie sagen und zeigen*,
Psychologie für Studium und Beruf, https://doi.org/10.1007/978-3-662-61827-1

Glossar

Analoger Strang Der analoge Strang von Kommunikation vermittelt Botschaften über die Körpersprache in Form von Mimik, Gestik, Verhalten usw., welche meistens mehrdeutig sind, und nimmt so Einfluss auf die Beziehung zwischen kommunizierenden Parteien (Watzlawick et al. 1967/2011; Schulz von Thun 2013).

Appell Die Einflussnahme oder Absicht des Nachrichtensenders, welche er mit seiner Kommunikation verfolgt und sowohl verdeckt als auch offen kommunizieren kann, wird als Appell an den Empfänger bezeichnet (Schulz von Thun 2013).

Axiom Ein Axiom ist erstens ein „als absolut richtig erkannter Grundsatz" bzw. eine „gültige Wahrheit, die keines Beweises bedarf", sowie zweitens eine „nicht abgeleitete Aussage eines Wissenschaftsbereichs, aus der andere Aussagen deduziert werden" (Bibliographisches Institut GmbH 2016a).

Digitaler Strang Der digitale Strang von Kommunikation vermittelt vorrangig Sachinhalte und greift dafür auf Sprache, Zeichen, Symbole usw. zurück (Watzlawick et al. 1967/2011).

Dramadreieck Im sogenannten Dramadreieck, einem Instrument der Transaktionsanalyse, mit dessen Hilfe unproduktive Kommunikationsmuster genauer beschrieben und analysiert werden können, interagieren Menschen mit unterschiedlichen Lebensanschauungen in unterschiedlichen Ich-Zuständen vorrangig über parallele Transaktionen, was in einer intensiven negativen Zuwendung resultiert (Gührs und Nowak 2014).

Fremdwahrnehmung Die Eindrücke und Überzeugungen, welche andere Personen in Bezug auf die eigene Person haben, können unter dem Begriff Fremdwahrnehmung zusammengefasst werden (Gellert und Nowak 2014).

Ich-Zustand Ein „Ich-Zustand" ist nach Berne „[…] phänomenologisch ein kohärentes Empfindungssystem […]" und kann „[…] funktionsmäßig als eine kohärente Verhaltensstruktur […]" bezeichnet werden (Berne 1984, S. 25).

Inkongruente Nachricht Eine Nachricht, bei der „die sprachlichen und nichtsprachlichen Signale nicht zueinander passen", ist inkongruent (Schulz von Thun 2013, S. 39).

Kommunikationsstil Der Begriff Kommunikationsstil beschreibt ein grundlegendes Muster, welches in der menschlichen Kommunikation zu beobachten ist (Schulz von Thun 2008).

Kommunikationsstörung Verläuft Kommunikation nicht erfolgreich, liegt eine Kommunikationsstörung vor (vgl. Watzlawick et al. 1967/2011).

Kommunikationssperre Eine Kommunikationssperre liegt dann vor, wenn eine Partei auf eine Weise reagiert, dass weitere erfolgreiche Kommunikation nicht möglich ist (Gordon 1974).

Kongruente Nachricht „Eine Nachricht heißt kongruent, wenn alle Signale in die gleiche Richtung weisen, wenn sie in sich stimmig sind." (Schulz von Thun 2013, S. 39)

Konstruktivistisch Eine konstruktivistische Sichtweise im Zusammenhang von Kommunikation bedeutet, dass der Mensch das, was ihn an Sinneseindrücken erreicht, zunächst verarbeitet und daraus seine subjektive Wirklichkeit erschafft (vgl. Watzlawick et al. 1967/2011; Schulz von Thun 2013).

Lebensanschauung Lebensanschauungen lassen sich als Grundhaltungen eines Menschen zum eigenen Leben und zur Beziehung zu anderen Menschen charakterisieren (Harris 1994).

Menschliche Kommunikation Menschliche Kommunikation ist die verbale oder nonverbale Interaktion zwischen mindestens zwei Personen (Watzlawick et al. 1967/2011; Schulz von Thun 2013).

Metakommunikation Metakommunikation ist ein Begriffs- und Modellsystem, um über Kommunikation zu kommunizieren (Watzlawick et al. 1967/2011; Schulz von Thun 2013).

Selbstoffenbarung bzw. Selbstkundgabe Die Selbstoffenbarung bzw. Selbstkundgabe, ob als solche intendiert oder als natürlicher Bestandteil des Kommunikationsprozesses, gibt anderen Informationen über die eigene Person preis. (Schulz von Thun 2013).

Selbstwahrnehmung Die Selbstwahrnehmung als Gegenstück zur Fremdwahrnehmung umfasst alle Eindrücke und Überzeugungen, die eine Person in Bezug auf sich selbst hat (Gellert und Nowak 2014).

Semantik Semantik ist „die Bedeutung, Inhalt (eines Wortes, Satzes oder Textes)." (Bibliographisches Institut GmbH 2016b)

Syntax Als Syntax wird die „in einer Sprache übliche Verbindung von Wörtern zu Wortgruppen und Sätzen" sowie die „korrekte Verknüpfung sprachlicher Einheiten im Satz" bezeichnet (Bibliographisches Institut GmbH 2016c).

Transaktion Eine Transaktion ist „die Grundeinheit aller sozialen Verbindungen" (Berne 1984, S. 32).

Stichwortverzeichnis

V

Z

Printed in the United States
By Bookmasters